AF831715

Jonas · Investitionsrechnung

Annual income twenty pounds, annual expenditure nineteen nineteen six, result happiness
Annual income twenty pounds, annual expenditure twenty pounds ought and six, result misery.

Mr. Micawber
Charles Dickens, David Copperfield

Investitionsrechnung

von

HEINRICH H. JONAS

WALTER DE GRUYTER & CO. · BERLIN 1964

vormals G. J. Göschen'sche Verlagshandlung · J. Guttentag, Verlagsbuchhandlung · Georg Reimer · Karl J. Trübner · Veit & Comp.

©

Copyright 1964 by Walter de Gruyter & Co., vormals G. J. Göschen'sche Verlagshandlung · J. Guttentag, Verlagsbuchhandlung · Georg Reimer · Karl J. Trübner · Veit & Comp., Berlin 30. — Alle Rechte, einschließlich der Rechte der Herstellung von Photokopien und Mikrofilmen, vom Verlag vorbehalten. — Archiv-Nr. 1363641. — Satz und Druck: Thormann & Goetsch, Berlin 44. — Printed in Germany.

VORWORT

Die Betriebswirtschaftslehre ist eine angewandte Wissenschaft; ihre Aufgabe ist es, der Unternehmung Wege zu höherer Wirtschaftlichkeit und Rentabilität zu weisen. Von der Dienlichkeit zu dieser Aufgabe, von der praktischen Anwendbarkeit zu diesem Zweck wird der Nutzen der wissenschaftlichen Arbeit bestimmt. Das l'art pour l'art, die Theorie um der Theorie willen, ist keine Maxime für eine auf Wirklichkeitsnähe und Anwendbarkeit ausgerichtete Wissenschaft.

Das Gebiet der Investitionsrechnung neigt wie wohl kaum ein anderes Gebiet der Betriebswirtschaftslehre zu abstrakter Behandlung und theorisierender Spekulation, die sich selbst mit den Prämissen, von denen sie ausgeht, die Probleme schafft, die ihren Modellen und Lösungssystemen entsprechen[1]. Kein Wunder, daß die so entwickelten Rechnungsformeln nicht in die Praxis vordringen und daß sich mit der Weiterentwicklung einer so verstandenen Theorie der Unterschied zwischen Theorie und Praxis verschärft[2].

Diese Darstellung der Investitionsrechnung bezweckt nicht, zu einer Weiterführung abstrakter Theorie beizutragen. Sie ist in der Auseinandersetzung mit der Praxis der Investitionsrechnung entstanden und wendet sich an den praktischen Betriebswirt in der Absicht, ihm bei der Lösung der praktischen Probleme der Investitionsrechnung Hilfe zu bieten. Es liegt auch nicht in ihrer Absicht, sich selbst als ein vollkommenes System zu präsentieren. In Büchern werden keine Probleme gelöst; die Praxis ist ihr eigener Lehrmeister und Geburtshelfer. Wir wollen nur Anregungen geben und sind selbst für jede aus der praktischen Erfahrung gewachsene Kritik und Anregung dankbar.

Die Bedeutung der Investitionsrechnung für die Unternehmung liegt auf der Hand. Die wirtschaftliche Existenz der Unternehmung hängt davon ab, wie sie über ihr Geld verfügt. Eine Unternehmung, die nicht genau

1 „Es ist grundsätzlich sicher nichts gegen die Anwendung moderner mathematischer Instrumente in diesem Zusammenhang zu sagen; wogegen ich mich wende, ist alleine die mehr oder weniger unbewußte Anpassung ökonomischer Probleme an irgendeinen bestimmten Stand jener Instrumente . . ." A. Moxter; Lineares Programmieren und betriebswirtschaftliche Kapitaltheorie, ZfhF 1963, /5/6, S. 307.

2 So lesen wir in der Buchbesprechung zu H. Schindler: Investitionsrechnungen in Theorie und Praxis, ZfhF 1963 /10, Seite 535 f.:
„Inzwischen hat sich die betriebswirtschaftliche Investitionstheorie weiterentwickelt. Der Unterschied zwischen dem, was theoretisch erarbeitet wurde, und dem, was in der Praxis zur Anwendung kommt, wird zum Teil noch krasser sein. Das liegt natürlich zum Teil auch an der Diskrepanz zwischen der Präzision der Modelle und dem Schätzcharakter der Daten, die in der Praxis erlangbar sind, sowie an den Annahmen, die den theoretischen Modellen zugrundeliegen.

weiß, welche Rendite ihr ihre Investitionen einbringen, hat keine Möglichkeit zu entscheiden, ob Kapitaleinsatz wirtschaftlich gerechtfertigt ist oder nicht.

Mit jeder Fehlinvestition, mit jeder Investition, die nicht ihre Kapitalkosten deckt, erhöhen sich die Kapitalkosten der Unternehmung progressiv, ihre finanzielle Lage verschlechtert sich, und die Gefahr weiterer Fehlinvestitionen wächst. Gerät eine Unternehmung in diesen Mahlstrom, so können sie nur außerordentliche Anstrengungen vor dem wirtschaftlichen Untergang bewahren. Es ist leicht einzusehen, wie so aus kleinen Ursachen große Wirkungen werden. Auf lange Sicht gesehen entscheiden über das wirtschaftliche Schicksal einer Unternehmung nicht Größe, Geschäftszweig, Marktanteil oder Produktionstechnik, sondern alleine die Technik ihrer Geschäftsführung. Hierzu gehört auch die Technik der innerbetrieblichen Kapitallenkung und eine richtige Investitionsrechnung.

Die Arbeit ist von der Tätigkeit des Verfassers innerhalb des Finanzressorts der Badischen Anilin- & Soda-Fabrik AG, Ludwigshafen, wesentlich angeregt und beeinflußt worden. Ein besonderer Dank gilt Herrn Dipl.-Kfm. Heinz Wollenweber, der diese Arbeit durch scharfsinnige Kritik und viele Hinweise gefördert hat.

Mannheim, im April 1964

INHALT

VERZEICHNIS DER BEISPIELE

EINLEITUNG

Bevor es zur Entscheidung über ein Investitionsprojekt kommt, müssen in der Unternehmung eine Fülle von Überlegungen angestellt werden:

1. Die erste Frage, die sich ergibt, ist die nach der Notwendigkeit des Investitionsprojekts:

   ist es notwendig zur Sicherung der Betriebsbereitschaft in Produktion und Verwaltung?
   hat sich die Unternehmung hierzu vertraglich verpflichtet?
   wird die Unternehmung zu der Investition vom Gesetzgeber, Ländern und Gemeinden gezwungen?
   ist die Investition notwendig, um die Versorgung der Unternehmung mit Rohstoffen, Energie etc. zu sichern?
   wird die Investition benötigt, um das soziale Klima der Unternehmung zu verbessern, um auf diese Weise der Unternehmung qualifizierte Mitarbeiter zu sichern?

   Die Bejahung einer dieser Fragen kommt praktisch einer Investitionsentscheidung gleich.

2. Die zweite Frage ist, inwieweit das Investitionsprojekt in die betreffende Unternehmung hineinpaßt:

   dient der Kapitaleinsatz der Erzeugung eines Produktes, das zu dem Verkaufsprogramm der Unternehmung paßt?
   paßt das Investitionsprojekt zu dem bestehenden technischen Leistungsgerüst der Unternehmung?
   bringt es in der Produktions- und Verfahrenstechnik eine Weiterentwicklung der Unternehmung mit sich, die in der Richtung liegt, welche von der Unternehmung angestrebt wird?
   führt es zu einer Verbreiterung der Produktionsgrundlagen, die auf lange Sicht für die Unternehmung richtig ist?
   gibt es besondere technische und marktliche Zielsetzungen der Unternehmungspolitik, welche das Projekt rechtfertigen?
   paßt das Projekt in den finanziellen Rahmen der Unternehmung?

   Die Beantwortung dieser Fragen führt zu einer Wertung des Investitionsprojektes unter dem Gesichtspunkt der Unternehmungspolitik. Eine positive Entscheidung in diesem Bereich ist Voraussetzung für alle weiteren Überlegungen.

3. Die dritte Frage bezieht sich auf den technischen Wirkungsgrad der Investition:

ist die Investition unter Berücksichtigung des gegebenen technischen Leistungsgerüstes der Unternehmung optimal ausgelegt?
verbindet sich mit der Investition ein Höchstmaß an Betriebssicherheit mit geringstmöglicher Belästigung der an ihr tätigen Menschen?

Die Beantwortung dieser Frage führt nicht zu einer Investitionsentscheidung, vielmehr zu einer Selektion von Investitionsprojekten unter technischen Gesichtspunkten. Die technische Optimalisierung einer Investition ist in der Regel Voraussetzung für höchste Wirtschaftlichkeit; sie ist daher der Entscheidung unter wirtschaftlichen Gesichtspunkten vorgelagert.

4. Die vierte Frage ist die nach der Rendite des Investitionsprojektes:

eine echte Ertragsmehrung bringen der Unternehmung nur Investitionen, die der Herstellung von Verkaufsprodukten dienen; daneben stehen die Investitionen, die ihre Rendite aus der Kostenersparnis ableiten;
und schließlich gibt es Investitionen, die überhaupt keine Rendite aufweisen.

Die Beantwortung dieser Frage nach der Rendite eines Investitionsprojektes kann nur dort zu einer eindeutigen Investitionsentscheidung führen, wo der alleinige Zweck der Investition in der Gewinnerzielung besteht; anderenfalls erfaßt die Investitionsrechnung nur eine Komponente der Investitionsentscheidung. Dann kommt es nach den besonderen Umständen des Einzelfalles darauf an, welche Bedeutung der Rendite für die Investitionsentscheidung beizumessen ist.

Die Investitionsrechnung ist ein Teilgebiet der Investitionslenkung; sie beschäftigt sich nur mit der zahlenmäßigen Erfassung und Berechnung des einzelnen Investitionsobjekts unter wirtschaftlich-kaufmännischen Gesichtspunkten. Nur diese Investitionsrechnung ist Gegenstand unserer Betrachtungen. Wir werden hier versuchen zu zeigen, daß es nur eine einzige richtige Form der Investitionsrechnung gibt: die Barwertrechnung und demonstrieren, wie diese Form praktisch durchgeführt wird.

Bevor es zu einer Investitionsrechnung kommen kann, muß die Investitionslenkung die hierfür notwendigen Voraussetzungen schaffen:

1. Wir müssen wissen, welche Ausgaben wir der Investitionsrechnung unterwerfen wollen: im engsten Sinne sind das alle Ausgaben, die zu Zugängen im Sachanlagevermögen einer Gesellschaft führen. Im weitesten Sinne können auch Ausgaben für immaterielle Wirtschaftsgüter in diese Investitionsrechnung einbezogen werden.

2. Die notwendigen organisatorischen Voraussetzungen für das Ingangbringen des Investitionsprozesses, für die Entscheidungen über die betrieblichen Investitionen, für die Berichterstattung über diesen Investitionsprozeß müssen gegeben sein;
3. und schließlich kann die Investitionslenkung sinnvoll nur im Rahmen eines langfristigen Investitions- und Wachstumsplanes der Unternehmung betrieben werden, aus dem sich auch die von der Finanzseite an die Investition zu stellende Forderung einer Mindestrendite ergibt, die dem betrieblichen Wachstum angemessen ist.
   Der betriebswirtschaftlichen Investition wird also ein Mindestgewinn vorgegeben, den sie erreichen muß, wenn sie sich zur Kapitalzuteilung aus der Kasse der Unternehmung qualifizieren will. Ziel der betrieblichen Planung ist also nicht ein größtmöglicher Gewinn, sondern der Mindestgewinn, den die Unternehmung für ihr langfristiges Wachstum benötigt[1].

Jeder dieser Punkte für sich genommen wäre Stoff genug für eine größere Arbeit. Wir wollen uns hier aber auf die reine Investitionsrechnung beschränken.

Die Investitionsrechnung für sich genommen bietet schon genügend Schwierigkeiten: Praxis und Wissenschaft haben in diesem Gebiet einen erstaunlichen Methodenpluralismus entwickelt; und so viele Methoden es gibt, so viele Ergebnisse folgen auch aus ihnen. Neben dieser Variationsbreite in den Methoden besteht ein nicht minder breiter Spielraum in der Komposition der Rechnungselemente, welche in diese Rechnung eingehen: die einen lassen wesentliche Daten einer Investition unberücksichtigt, andere wieder rechnen doppelt. In der Zurechnung von Gemeinkosten, von kalkulatorischen Kosten, von Buchrestwerten besteht eine Reihe von Problemen und Unklarheiten. Unklarheit besteht ferner darüber, ob und wie andere Möglichkeiten der Kapitalinvestition in der Investitionsrechnung zu berücksichtigen sind, was eine Mindestrendite bedeutet und wie schließlich der allgemeine Anschluß der Ergebnisse, welche die Investitionsrechnung liefert, an die Zahlen der Buchhaltung gefunden werden kann. So herrscht in diesem Gebiet ziemliche Verwirrung.

1 Die betriebliche Planung und Geschäftsführung ist auf Minima, nicht auf Maxima ausgerichtet. Wir planen den Mindestkapitaleinsatz, den Mindesteinsatz von Arbeitskräften, der notwendig ist, um eine bestimmte Leistung zu erstellen; in gleicher Weise wird auch die Mindestrendite geplant, welche die Unternehmung braucht, um im Wettbewerb zu bestehen. Daher entspricht es nicht der Wirklichkeit, wenn in der Theorie die Investitionsrechnung versucht, einen interdependenten Zusammenhang zwischen Grenzerträgen und Grenzkosten des betrieblichen Kapitals herzustellen. Der geplante Mindestgewinn, das Gewinnziel der Unternehmung, ist eine Größe, die als Mindestrendite nach der angestrebten optimalen Kapitalstruktur der Unternehmung festgesetzt wird.

Auf der einen Seite die Perfektionisten der Theorie, welche die Praktiker mit endlosen Formeln und müßigem Zahlenspiel schrecken; auf der anderen Seite die Praktiker mit der Forderung nach einer simplen, dennoch richtigen Investitionsrechnung und gerüstet mit den fünf Standardeinwendungen gegen die Investitionsrechnung:

1. Investitionsalternativen können nicht berechnet werden, denn es gibt keine; der vorgeschlagene Investitionsweg ist der einzig mögliche.
   In der Regel gibt es stets mehrere Alternativen für eine Kapitalinvestition.
2. Diese Investition muß unbedingt durchgeführt werden, eine Rechnung ist also gar nicht notwendig.
   Auch das ist wohl nur in Ausnahmefällen zutreffend und gewöhnlich ein Zeichen schlechter Investitionsplanung.
3. Es handelt sich um eine geschäftspolitisch notwendige Investition, deren Nutzen nicht berechnet werden kann.
   Auch derartige strategische Investitionen haben ihren Nutzen, mitunter einen negativen.
4. Die Investition ist ein Routineersatz, der schon immer so erfolgt ist, es braucht also nicht gerechnet zu werden.
   Routine ist wohl notwendig, aber kein Ersatz für eine Wirtschaftlichkeitsrechnung.
5. Und schließlich: die Zukunft ist nicht vorhersehbar, daher kann eine Investitionsrechnung nicht stattfinden.
   Gegenüber diesem Einwand muß festgestellt werden, daß das Kapital mit seiner Investition zunächst verloren ist; nur von den künftigen Erlösen aus diesem Kapitaleinsatz hängt es ab, ob das Kapital wiedergewonnen werden kann. Wenn also die Zukunft nicht vorhersehbar ist, ist der Kapitaleinsatz wirtschaftlich nicht gerechtfertigt. Eine derartige völlige Unkenntnis der künftigen Entwicklung einer Investition besteht wohl bei keinem Kapitaleinsatz. Dieser Einwand ist daher eher so zu verstehen, daß die künftige Entwicklung der Investition nur unsicher vorhersehbar ist. In diesem Falle ist zu fordern, daß die wahrscheinliche Entwicklung der mit der Investition verbundenen Kosten und Erträge zahlenmäßig niedergelegt wird. Ohne diese zahlenmäßige Konkretisierung des einzelnen Investitionsobjektes ist eine Investitionsrechnung und damit auch ein wirtschaftlich gerechtfertigter Kapitaleinsatz nicht möglich. Auch eine nachträgliche Kontrolle des Kapitaleinsatzes kann ohne diese zahlenmäßige Konkretisierung des ursprünglichen Investitionsvoranschlages nicht erfolgen.

Die Notwendigkeit der Investitionsrechnung kann wohl kaum bestritten werden; alle Einwendungen, die gegen sie zu hören sind, richten sich weniger gegen das Prinzip, als vielmehr gegen die Methode. Hier hoffen wir im folgenden zu zeigen, daß auch eine richtige Investitionsrechnung weder in ihrer Konzeption noch in der Rechnungstechnik kompliziert zu sein braucht und auch auf keinen Fall größere Schwierigkeiten bietet als Daumenregeln oder einfache Durchschnittsrechnungen, die stets zu falschen Ergebnissen führen. Wenn auch die Grundlagen der Investitionsrechnung ihrer Natur nach unsicher sind, so kann doch richtig gerechnet werden. Freilich ist es nicht möglich, eine Investitionsrechnung zu konzipieren, die zugleich simpel wie auch richtig ist. Die Zeitkomponente, die Bezogenheit auf Einnahmen und Ausgaben, der Gesichtspunkt der Kapitaldisposition, unter dem die Investitionsrechnung aufgebaut ist, bedingen eine Technik, deren Anwendung nur durch Spezialisten möglich ist, welche die Probleme und Besonderheiten der Investitionsrechnung beherrschen. Wenn im folgenden diese Investitionsrechnung dargestellt wird, so sollte stets beachtet werden, daß die Investitionsrechnung ihrem Gegenstand nach nicht simpel sein kann; auf keinen Fall sollte hierdurch der Eindruck entstehen, daß eine richtige Investitionsrechnung nur mit einem unverhältnismäßig großen Rechenaufwand darstellbar sei und als ob die Methodik der Rechnungstechnik in keinem angemessenen Verhältnis zu der Unsicherheit der Zukunftsschätzung steht, auf der diese Rechnung beruht. Eine richtige Investitionsrechnung ist ohne großen Aufwand und — abgesehen von der Finanzmathematik — ohne Anwendung spezieller mathematischer Methoden möglich. Sie muß es auch sein, denn die Investitionsrechnung selbst ist für die Unternehmung, die sie durchführt, eine Investition, die auch unter wirtschaftlichen Gesichtspunkten beurteilt werden muß.

Freilich ist auch die richtigste Rechnung kein Ersatz für die unternehmerische Entscheidung.

RECHNUNGSMETHODIK

1. Die Berechnung des Wertes von Anleihen

Wir wollen unsere Demonstration mit einem ganz einfachen Fall, der Wertberechnung von Anleihen, beginnen. Die Wertberechnung von Anleihen ist zur Verdeutlichung der Rechnungsmethodik bei der Investitionsrechnung besonders geeignet, weil diese Investition sich im Grunde von einer industriellen Investition nicht unterscheidet: auch hier handelt es sich um einen Kapitaleinsatz, der im Hinblick auf künftige Erträge unternommen wird und dessen gegenwärtiger Wert von dem Kapitalrückfluß abhängt, der sich aus der Investition ergibt. Jedoch ergeben sich bei dieser Investition eine Reihe von Vorteilen, die es besonders leicht machen, an diesem Beispiel die Rechnungsmethodik zu zeigen:

1. Der Wert des Kapitaleinsatzes ist leicht und genau bestimmbar; es gibt also keine Diskussion darüber, welches die Anschaffungskosten des Investors beim Kauf einer Obligation sind.
2. Diese Investition bringt keine künftigen Kosten, sondern nur Erträge mit sich; daher entfallen hier alle Probleme der Kostenrechnung.
3. Die künftigen Erträge sind — in der Regel — sicher, sie können genau bestimmt werden; das Unsicherheitsmoment entfällt also.
4. Die Anleihe wird in der Regel zum Nennwert zurückgezahlt; abgesehen von Ausnahmefällen — braucht uns hier also die Abschreibung als Entgelt für den Kapitalverzehr nicht zu beschäftigen.
5. Last not least besteht hier schon lange eine feststehende Rechnungsmethode; es gibt hier also keinerlei Diskussion darüber, wie der Wert einer solchen Investition zu berechnen ist.

In allen diesen Punkten unterscheidet sich die Investition in Obligationen — obwohl sie im Grunde dasselbe ist wie werbender Kapitaleinsatz in der Wirtschaft — vorteilhaft von der industriellen Investition und macht sie daher zur Verdeutlichung der Rechnungsmethodik besonders geeignet.

Bei der Wertberechnung von Anleihen geht es stets um zwei Probleme:

1. Einmal handelt es sich darum, den Preis zu bestimmen, den der Investor für eine Anleihe zahlen kann, wenn er eine bestimmte Rendite aus den Zinsen, welche diese Anleihe abwirft, erhalten möchte. Die Anleihebedingungen sind also bekannt, der Investor weiß, welche

Rendite er aus der Investition haben will, gesucht wird der Kaufpreis, der zu dieser Mindestrendite paßt.

2. Im anderen Falle geht es darum, die Rendite zu bestimmen, welche die Anleihe nach ihren Bedingungen dem Investor bietet. Der Investor fragt hier also nicht nach dem Preis, den er für die Anleihe zahlen kann, um eine bestimmte Rendite zu erzielen, sondern es wird die Rendite der Anleihe als solche festgestellt, die dann mit einer Mindestrendite verglichen werden kann.

Dieser zweite Fall ist für die industrielle Investitionsrechnung interessanter; methodisch einfacher ist der erste.
Im ersten Falle ergibt sich der Preis, den der Investor für die Anleihe zahlen kann aus

	Barwert der Zinsannuität während der Anleihelaufzeit
+	Barwert der Kapitalrückzahlung am Ende der Laufzeit
=	Wert der Investition

Da der Investor der Investition eine bestimmte Mindestrendite vorschreibt, ist diese Mindestrendite der Zins, zu welchem beide Barwerte berechnet werden.
Bevor diese Art der Rechnung gezeigt wird, muß noch einiges über Rentenlauf und Art der Zinsberechnung gesagt werden.
Eine Rente kann in jährlichen oder unterjährigen Intervallen anfallen; sie kann beispielsweise quartalsweise, monatlich oder in unendlich kleinen zeitlichen Abständen zur Zahlung kommen. In diesem letzteren Fall sprechen wir von einer kontinuierlichen Rente.
Arithmetisch ist es für den Wert einer Rente unerheblich, wie sie anfällt; ob beispielsweise DM 1200,— jährlich einmal oder DM 100,— monatlich gezahlt werden. Trotzdem wird der Barwert einer Rente um so höher, je kleiner die zeitlichen Abstände sind, innerhalb derer sie fällig wird. Denn der Rentenempfänger kann die Renteneinnahmen um so eher werbend anlegen, je eher er in ihren Genuß kommt; umgekehrt muß derjenige, der die Rente leistet, um so eher Zahlungen leisten, für die er entweder mit einer Zinseinnahme rechnen kann oder einen Zinsverlust kalkulatorisch in Rechnung stellen muß. Durch den zeitlichen Anfall der Rente wird also der Zinslauf, der auf diese Rente entfällt, beeinflußt. Der Barwert einer halbjährlich fälligen Rente ist so stets größer als der einer jährlich fälligen Rente und noch größer ist der Barwert einer Rente, die kontinuierlich innerhalb der einzelnen Jahre ihrer Laufzeit anfällt.
Bei der Berechnung des Wertes von Anleihen ist — nach den Anleihebedingungen — in der Regel eine halbjährliche Zinszahlung vorgeschrie-

ben und daher erfolgt die Berechnung des Wertes dieser Kapitalanlage auf der Grundlage einer halbjährlich zahlbaren Rente. Bei der industriellen Investition besteht für deren Einnahmen und Ausgaben keine in ähnlicher Weise vertraglich oder sonstwie festgelegte zeitliche Struktur. Einnahmen und Ausgaben aus einer Investition verteilen sich hier über das gesamte Geschäftsjahr der Unternehmung. Daher wäre es falsch, so zu rechnen, als ob der Einnahmenüberschuß (cash flow) aus der Investition erst zum Jahresende oder halbjährlich anfiele. Vielmehr muß hier von einer kontinuierlichen Rente ausgegangen werden, die gleichmäßig über das jeweilige Jahr ihrer Laufzeit verteilt ist. Die im Anhang wiedergegebenen Multiplikatoren für Endwert und Barwert von Renten gelten für eine Rente, die innerhalb der einzelnen Jahre ihrer Laufzeit kontinuierlich anfällt.

Rentenlauf und Zinslauf stimmen stets überein, denn der Augenblick der Zahlung ist es, der eine Kapitaleinnahme zinspflichtig und eine Kapitalausgabe zinsberechtigt macht. Zinslauf und Rentenlauf sind daher stets identisch unter der Voraussetzung, daß überhaupt mit Zinsen gerechnet werden soll.

Nicht dasselbe gilt jedoch für die Berechnung der Zinseszinsen. Selbst wenn eine Rente kontinuierlich oder halbjährlich gezahlt wird, und daher Zinsen auf sie kontinuierlich oder halbjährlich berechnet werden, brauchen diese Zinsen nicht sofort dem Kapital zugeschlagen und damit selbst zur Basis der Zinsrechnung gemacht zu werden. Werden die Zinsen, die auf eine kontinuierliche Rente anfallen, nur jährlich dem Kapital zugeschlagen, so sprechen wir von einer kontinuierlichen Rente mit jährlicher Verzinsung. In der Kombination von Rentenlauf und Zinslauf sind so eine Reihe von Möglichkeiten denkbar, die aber kaum praktisches Interesse haben. Trotzdem ist es notwendig, bei der Investitionsrechnung klarzustellen, von welcher Art der Zinsrechnung ausgegangen werden soll. Denn es leuchtet ein, daß der Endwert einer Rente um so höher — und umgekehrt ihr Barwert um so geringer — ist, je eher der Lauf der Zinseszinsen beginnt, je eher also Zinsen zum Kapital zugeschlagen werden, d.h. von der Rechnung mit jährlichen zu der Rechnung mit stetigen Zinsen übergegangen wird.

BEISPIEL 1 BARWERT EINER RENTE IN ABHÄNGIGKEIT VON IHRER PERIODIZITÄT UND DER ART DER ZINSBERECHNUNG

Barwert einer 10jährigen Rente von DM 1000,— zu 4%:

bei jährlicher Fälligkeit und jährlicher Verzinsung .... DM 8111,—
bei halbjährlicher Fälligkeit und halbjährlicher Verzinsung DM 8176,—

bei vierteljährlicher Fälligkeit und vierteljährlicher Verzinsung .... DM 8209,—
bei kontinuierlicher Fälligkeit und stetiger Verzinsung .... DM 8242,—

Bei der Überlegung, welche Art des Zinslaufs die für die industrielle Investitionsrechnung richtige ist, muß man sich vergegenwärtigen, daß die Investitionsrechnung eine vergleichende Funktion hat: sie mißt den Wert einer Kapitalanlage unter den Bedingungen, wie sie im Rahmen eines industriellen Unternehmens für die Kapitalanlage in der Regel vorauszusehen sind. Der Industriebetrieb legt Kapital nicht nur zum Ende eines Quartals oder eines Halbjahres an; sein werbender Kapitaleinsatz — für neue Investitionen oder zur Aufrechterhaltung und Erweiterung des laufenden Geschäftsbetriebes — ist über das ganze Jahr stetig verteilt. Das gleiche gilt für die Erträge, die der Industriebetrieb aus seinen Investitionen erzielt: diese Erträge fallen nicht einmal jährlich oder halbjährlich an wie die Anleihezinsen; vielmehr ist die Ertragserzielung in ihren verschiedenen Bereichen und Erscheinungsformen ein Prozeß, der sich stetig innerhalb eines Geschäftsjahres vollzieht. Wenn es auch erhebliche Schwankungen in der Ertragserzielung während eines Jahres geben mag, so wäre es doch jedenfalls nicht gerechtfertigt, von der Annahme auszugehen, daß der Gewinn einer Unternehmung jeweils zu ganz bestimmten Terminen fällig wird. Richtiger ist es, davon auszugehen, daß die Einnahmenüberschüsse aus den betrieblichen Investitionen kontinuierlich anfallen, und daß über den werbenden Kapitaleinsatz — die Anlage der aus den Investitionen zufließenden Mittel — ständig disponiert wird. Daher muß der Wert einer industriellen Investition an einem stetigen Zinslauf gemessen werden, denn der Wert einer Kapitalanlage muß mit einem Zinslauf gemessen werden, der die wirtschaftlichen Bedingungen, unter denen Kapitaleinsatz in der Unternehmung erfolgt, widerspiegelt. Das kann in einer Unternehmung, die ständig in der Lage ist, über werbenden Kapitaleinsatz zu disponieren, nur ein stetiger Zins sein, ein Zinslauf also, bei dem der berechnete Zins sofort dem Kapital zugeschlagen und damit in den Zinslauf selbst einbezogen wird.

Entsprechend wird in den im Anhang wiedergegebenen Zinstafeln mit stetigen Zinsen gerechnet, nicht mit Jahreszinsen.

Das Rechnen mit kontinuierlicher Rente und stetigem Zins setzt also voraus, daß:

1. die mit der Investition verbundenen Einnahmen und Ausgaben einer Unternehmung keinem vorhersehbaren zeitlichen Anfall innerhalb eines Jahres folgen; kann ein zeitlich genau spezifizierter Anfall vorhergesehen werden, wie beispielsweise bei den Kapitalausgaben der

Investition, so sollte dieser Umstand in der Investitionsrechnung berücksichtigt werden.

Ist ein genauer zeitlicher Anfall der Einnahmen und Ausgaben in der Investition nicht genau vorhersehbar, so sollte mit einer gleichmäßigen Verteilung dieser Einnahmen und Ausgaben gerechnet werden, nicht mit willkürlich festgesetzten Terminen für diese Einnahmen- und Ausgabenreihen.

2. in der Unternehmung ständig über werbenden Kapitaleinsatz disponiert wird und also die Einnahmen der Unternehmung stets wieder werbend angelegt werden oder doch diese Kapitaldisposition sich in Konkurrenz zu anderen Möglichkeiten werbenden Kapitaleinsatzes vollzieht.

Bestünde diese Möglichkeit zu ständiger Kapitaldisposition in der Konkurrenz zu anderen Möglichkeiten werbenden Kapitaleinsatzes nur einmal im Jahr, so dürfte die Unternehmung von ihren Investitionen nicht einen stetigen Zinseszins verlangen. Nur in diesem Fall, der praktisch aber keinerlei Bedeutung hat, müßte der Wert der Investitionen an einer jährlichen Verzinsung gemessen werden.

Praktisch ist aber die Erwerbswirtschaft auf ständige Kapitaldispositionen ausgerichtet und hat hierzu auch die Möglichkeit, weil sie über kontinuierliche Einnahmen aus ihren Investitionen verfügt.

Die Bestimmung des Wertes einer Anleihe unter Zugrundelegung einer bestimmten Mindestrendite für den Investor soll an zwei Beispielen gezeigt werden[1].

BEISPIEL 2: BESTIMMUNG DES WERTES EINER ANLEIHE VON NOMINELL DM 1000,— FÜR DEN INVESTOR BEI GEGEBENER MINDESTRENDITE

a) Investitionsbedingungen

Laufzeit	10 Jahre	
Zins	6% p. a.	
Rückzahlung zu	102%	
Geforderte Mindestrendite ..	8%	
Barwert der Zinsannuität DM 60,— p. a. zu 8%		DM 412,92
Barwert des Kapitalrückflusses DM 1020,— zu 8%		DM 458,29
Wert der Investition		DM 871,21

1 Da dieses Beispiel nur der Erläuterung dient, verzichten wir auf die Rechnung mit halbjährlichen Zinsen, nehmen also an, daß die Anleihezinsen kontinuierlich gezahlt werden. Auf diese Weise kann auch in diesem Beispiel von den im Anhang wiedergegebenen Zinstafeln ausgegangen werden.

b) Investitionsbedingungen

Laufzeit	10 Jahre
Zins	8% p. a.
Rückzahlung zu	80%
Geforderte Mindestrendite	8%
Barwert der Zinsannuität DM 80,— p. a. zu 8%	DM 550,56
Barwert des Kapitalrückflusses DM 800,— zu 8%	DM 359,44
Wert der Investition	DM 910,—

Soviel kann der Investor also zu den verschiedenen Bedingungen anlegen, wenn er eine Verzinsung von 8% auf seinen Kapitaleinsatz erhalten will.

Die Lösung des zweiten Problems bei der Wertberechnung von Anleihen, nämlich die Feststellung der aus dieser Kapitalanlage fließenden effektiven Rendite, erfolgt in ähnlicher Weise.

Die effektive Rendite einer Anleihe oder einer Investition ist der Zinssatz, bei dem der Barwert der Zins- oder Ertragsannuität, die aus der Investition fließt, zuzüglich des Barwertes des Kapitalrückflusses aus der Investition gleich deren Erwerbspreis ist. Denn, wenn diese Gleichung gegeben ist, so bedeutet das, daß der Investor auf den Erwerbspreis der Investition bei den durch sie verursachten Erträgen und Kapitalrückflüssen eine Verzinsung oder Rendite in der durch diesen Zins bezeichneten Höhe erzielt. Der Zins, bei dem der Barwert der künftigen Einnahmen gleich dem Gegenwartswert der Investitionsausgaben ist, ist die effektive Rendite der Investition.

Technisch ist diese Wertberechnung etwas komplizierter als die erste, weil hier der Abzinsungsfaktor nicht wie im ersten Falle eine gegebene Größe ist. Bevor also mit der genauen Rechnung begonnen werden kann, muß zunächst überschlägig der ungefähre Renditenbereich der Anlage bestimmt werden.

BEISPIEL 3: FORMEL FÜR DIE ÜBERSCHLÄGIGE BESTIMMUNG DES RENDITENBEREICHS BEI ANLEIHEN

Z = Jahreszinsbetrag
R = Betrag der Rückzahlung
E = Erwerbspreis
n = Laufzeit

$$\frac{\left(Z + \dfrac{R - E}{n}\right) 100}{\dfrac{E + R}{2}} \approx \text{Rendite}$$

Anwendung auf die industrielle Investition:

$$\frac{(\text{Durchschnittsergebnis p. a.} - \text{Abschreibung p. a.}) \cdot 100}{\dfrac{\text{Investitionsausgaben} + \text{Schrottwert}}{2}} \approx \text{Rendite}$$

Ist dieser Annäherungswert gefunden, so wird er durch zwei genaue Renditenrechnungen eingegrenzt und dann aus der Interpolation dieser beiden Rechnungen die effektive Rendite ermittelt.

BEISPIEL 4: BESTIMMUNG DER EFFEKTIVEN VERZINSUNG (RENDITE) EINER ANLEIHE

a) Investitionsbedingungen

Erwerbspreis	DM 920,—
Laufzeit	10 Jahre
Zins	6% p. a.
Rückzahlung	100%

In erster Annäherung ergibt sich eine Rendite von 7,1 %[1].

		7%	8%
Barwert der Zinsannuität DM 60,— p. a.	DM	431,46	412,92
Barwert des Kapitalrückflusses DM 1000,—	DM	496,60	449,30
	DM	928,06	862,22
Quotient zum Erwerbspreis		0,991	1,067

Durch Interpolation ergibt sich eine effektive Verzinsung von 7,15%.

b) Investitionsbedingungen

Erwerbspreis	DM 1000,–
Laufzeit	10 Jahre
Zins	8% p. a.
Rückzahlung	80%

In erster Annäherung ergibt sich eine Rendite von 6,7% p. a.[2]

		6%	7%
Barwert der Zinsannuität DM 80,— p. a.	DM	601,38	575,28
Barwert des Kapitalrückflusses DM 800,— ..	DM	439,04	397,28
	DM	1040,72	972,56
Quotient zum Erwerbspreis		0,961	1,028

Durch Interpolation ergibt sich eine effektive Verzinsung von 6,597%.

Aus diesen beiden letzten Beispielen ergeben sich auch die Grundelemente der industriellen Investitionsrechnung; nur ist hier — wie noch gezeigt wird — die Differenz zwischen einer überschlägigen und einer effektiven Renditenrechnung erheblich größer, weil der Renditenbereich, in dem gerechnet wird, höher ist. Natürlich müssen auch die Differenzen wachsen, wenn statt mit Zinsfüßen von 6% oder 8% mit Renditensätzen

[1] $\frac{(60 + 8)\ 100}{960} = 7,1\ \%$

[2] $\frac{(80—20)\ 100}{900} = 6,66\ \%$

von 20% oder 30% gerechnet wird. Überschlagsrechnungen sind dann wirklich nur noch als grobe Annäherung zu gebrauchen.
Bei der Renditenrechnung in der Praxis erhebt sich oft die verwirrende Frage nach dem Verhältnis zwischen der Rendite der Investition in den einzelnen Perioden (Jahren) ihres Bestehens und ihrer Gesamtrendite für die gesamte Laufzeit. Da die Investition während ihrer Laufzeit abgeschrieben wird, besteht ein Teil des Ertrages der Investition in den einzelnen Perioden ihres Bestehens aus dem Rückfluß des ursprünglich eingesetzten Kapitals. Dieser Rückfluß des eingesetzten Kapitals kürzt aber nicht nur den Ertrag der Investition, sondern in der buchmäßigen Behandlung auch deren Kapitalbasis. Da sich die Kapitalbasis der Investition in den Büchern verringert, führt ein in allen Perioden gleich angenommener Reingewinn zu einer steigenden Kapitalrendite.

BEISPIEL 5: PERIODENRENDITE UND GESAMTRENDITE EINER ANLEIHE

Investitionsbedingungen (Beispiel 4b):

Erwerbspreis	DM 1000,—
Laufzeit	10 Jahre
Zins	8% p. a.
Rückzahlung	80%
Gesamtrendite	6,597%

a) Periodenrendite nach der buchhalterischen Methode

Jahr	Zinsertrag	Abschreibung	Nettoertrag	Buchwert	Rendite %
0	—	—	—	1000,—	—
1	80,—	20,—	60,—	980,—	6,06
2	80,—	20,—	60,—	960,—	6,19
3	80,—	20,—	60,—	940,—	6,32
4	80,—	20,—	60,—	920,—	6,45
5	80,—	20,—	60,—	900,—	6,59
6	80,—	20,—	60,—	880,—	6,74
7	80,—	20,—	60,—	860,—	6,90
8	80,—	20,—	60,—	840,—	7,06
9	80,—	20,—	60,—	820,—	7,23
10	80,—	20,—	60,—	800,—	7,41

Ein derartiger Renditenverlauf ist sachlich falsch, wenn er auch rechnerisch richtig ist. Denn es handelt sich immer um dieselbe Investition, die in den einzelnen Perioden ihres Bestehens dieselbe Rendite ausweist. Der Anschein einer steigenden Periodenrendite wird nur durch die angewandte buchhalterische Methode ihrer Berechnung hervorgerufen, bei welcher der Kapitalrückfluß — je nach der angewandten Abschreibungsmethode (hier wurde eine lineare Abschreibung angenommen) — gleichmäßig auf die einzelnen Rechnungsperioden verteilt wird. Das mag für die Buchhaltung richtig sein, muß aber in der Investitionsrechnung ein falsches Bild geben. Denn hier kommt es auf die Berechnung der Rendite der Investition während ihrer gesamten Laufzeit an, und diese Gesamtrendite kann in den einzelnen Teilperioden der Investition nicht unterschiedlich sein, auch wenn Kosten und Erträge in diesen Perioden variieren können. Denn der Investor kauft mit der Investition die Gesamtheit ihrer Kosten und Erträge während der gesamten Lebensdauer der Investition als eine unauflösbare Einheit verschiedener Kosten- und Ertragsperioden. Die Periodenrechnung ist daher als Basis der Renditenrechnung bei der Investitionsrechnung nicht sinnvoll, da nur über die zeitliche Einheit der Investition insgesamt disponiert werden kann. Wenn aber schon eine Periodenrendite gezeigt werden soll, so ist aus diesem Grunde die finanzmathematische Methode ihrer Berechnung zutreffender, bei der in den einzelnen Perioden stets dieselbe Rendite, aber wechselnde Beträge der Kapitaltilgung ausgewiesen werden. An sich ist diese Periodenrechnung für die Investitionsrechnung aber ohne Erkenntniswert; sie wird hier nur angeführt, um zu zeigen, wie die rechnerische Verteilung von Kapitalrückfluß und Nettoüberschuß in den einzelnen Perioden bei einer bestimmten Gesamtrendite der Investition aussieht.

BEISPIEL 5: PERIODENRENDITE UND GESAMTRENDITE EINER ANLEIHE

b) Periodenrendite nach der finanzmathematischen Methode[1]

Jahr	Zins-ertrag	Ab-schreibung	Netto-ertrag	Buch-wert	Rendite 6,597 % stetiger Zins = 6,818 % Jahreszins
0	—	—	—	1000,—	
1	82,70	14,52	68,18	985,48	6,818 %
2	82,70	15,51	67,19	969,97	6,818 %
3	82,70	16,57	66,13	953,40	6,818 %
4	82,70	17,70	65,—	935,70	6,818 %
5	82,70	18,91	63,79	916,79	6,818 %
6	82,70	20,20	62,50	896,59	6,818 %
7	82,70	21,58	61,12	875,01	6,818 %
8	82,70	23,05	59,65	851,96	6,818 %
9	82,70	24,62	58,08	827,34	6,818 %
10	82,70	26,30	56,40	801,04	6,818 %

[1] Wie schon gesagt, gehen wir auch bei der Wertberechnung von Anleihen von einer kontinuierlichen Rente bei stetiger Verzinsung aus. Der Tilgungsplan ist aber jährlich aufgeteilt. Einem kontinuierlichen Zinsertrag von DM 80,— p. a. entspricht — gerechnet zum effektiven Zinssatz der Anleihe — ein jährlicher Ertrag von DM 82,70. Dies ergibt sich wie folgt: DM 80,— × 1,0377 = DM 82,70, wobei der Faktor 1,0337 gefunden wird aus der Interpolation von 6 % und 7 % bei 12 Monaten Laufzeit — Zinstabelle A II.

Dieser finanzmathematische Tilgungsplan gibt die Gesamtrendite der Investition und die Periodenrendite zutreffend in gleicher Höhe wieder. Die buchhalterische Behandlung der Investition erfolgt unter anderen Gesichtspunkten; für die Renditenermittlung ist sie nicht zu gebrauchen.

In gleicher Weise müssen wir in dem jährlich aufgestellten Tilgungsplan die stetigen Zinsen (6,5967 %) auf jährliche Zinsen umrechnen. Wie wir aus der Zinstafel A I entnehmen können, entspricht einem stetigen Zinsfuß von 6 % ein Jahreszins von 6,18 % (Zinstafel 1,0618), einem stetigen Zinsfuß von 7 % ein jährlicher Zinsfuß von 7,25 % (Zinstabelle 1,0725). Durch Interpolation erhält man für 6,5976 stetigen Zinsfuß 6,818 % Jahreszinsen. Infolge dieser Umrechnung einer Renditenrechnung auf Basis stetiger Verzinsung zu einem jährlichen Tilgungsplan weichen daher die hier aufgeführten Zinserträge und Nettoerträge von dem nominellen und effektiven Zinssatz der Anleihe ab.

2. Berechnung des Wertes von industriellen Investitionen

Nach dieser Darstellung der Berechnung des Wertes einer Investition in Anleihen, die in ihren Grundzügen auf die industrielle Investition übertragbar ist, wenden wir uns nun der Rechnungsmethodik der industriellen Investitionsrechnung zu. Zunächst soll also nur die Rechnungsmethode als solche behandelt werden, anschließend daran die einzelnen Elemente der Rechnung: die Kapitalbasis und die künftigen Kosten und Erträge der Investition.

Ziel der Investitionsrechnung ist die Bestimmung der effektiven Gesamtrendite der Investition. Dabei wollen wir so vorgehen, daß wir zunächst die zwei gebräuchlichsten Methoden der Investitionsrechnung: pay-out-Rechnung und die sogenannte buchhalterische Methode mit der Barwertrechnung vergleichen. Neben diesen beiden Methoden gibt es noch eine Fülle anderer, auf die hier aber nicht eingegangen werden soll. Anschließend soll dann die praktische Anwendung der Barwertrechnung unter den verschiedensten Bedingungen gezeigt werden.

a) Pay-out-Rechnung vs. Barwertrechnung

Die pay-out-Rechnung besteht in der Feststellung der Zeit, innerhalb derer das ursprünglich eingesetzte Kapital aus dem Einnahmenüberschuß der Investition — das ist Gewinn + Abschreibung — getilgt wird.

BEISPIEL 6: BERECHNUNG DER AUSZAHLUNGSZEIT

Investition	DM 100 000,—
Ergebnis und Abschreibung	DM 20 000,—
Laufzeit der Investition	10 Jahre

$$\text{Auszahlungszeit} \quad \frac{100\,000}{20\,000} = 5 \text{ Jahre}$$

Wie aus diesem Beispiel ersichtlich, besteht das Wesen der pay-out-Rechnung darin, daß sie die Zeitspanne der Kapitalbindung des ursprünglichen Investitionswertes berechnet. Sie zeigt also den Zeitraum, während dessen das eingesetzte Kapital noch nicht aus verdienten Abschreibungen und Gewinnen zurückgewonnen und also dem Risiko ausgesetzt ist. Die Kenntnis dieses Zeitraumes ist für den Investor insbesondere von Bedeutung:

wenn es sich um Investitionen in sehr risikoreichen Feldern handelt und

wenn seine Kapitalmittel so begrenzt sind, daß der betrieblichen Liquidität eine besondere Bedeutung bei der Beurteilung von Investitionsprojekten zukommt.

In beiden Fällen ist unter finanziellen Gesichtspunkten ein möglichst rascher Rückfluß des Kapitals aus den betrieblichen Investitionen zu fordern. Zur Kontrolle dieses Kapitalrückflusses und des Einflusses des Investitionsprozesses auf die betriebliche Liquidität ist eine pay-out-Rechnung sinnvoll.

Problematisch wird die pay-out-Rechnung jedoch, wenn sie als Ersatz für die Renditenrechnung der betrieblichen Investitionen angewandt wird. In dieser Hinsicht stellt die pay-out-Rechnung einen außerordentlich rohen Maßstab dar; denn sie zeigt uns nur die Zeit des Kapitalrückflusses an, sagt aber nichts über die Ertragskraft der Investition während ihrer gesamten Lebensdauer aus. Die Ertragskraft der Investition hängt von den Erträgen ab, die diese während ihrer gesamten Lebensdauer bringt. Da diese Lebensdauer bei verschiedenen Investitionen unterschiedlich ist, braucht zwischen der Schnelligkeit des Kapitalrückflusses und der Ertragskraft der Investition keine Korrelation zu bestehen.

BEISPIEL 7: VERGLEICH VON PAY-OUT-PERIODE UND RENDITE DER INVESTITION

a) bei konstanten Erträgen, gleichem Kapitaleinsatz und verschiedener Lebensdauer

Investition	A	B	C
Investitionsbetrag	100 000	100 000	100 000
Ergebnis einschl. Abschreibung	20 000	20 000	20 000
pay-out-Periode	5 Jahre	5 Jahre	5 Jahre
Lebensdauer	5 Jahre	10 Jahre	20 Jahre
Rendite	0%	16%	20%

Bei gleicher pay-out-Periode bestehen erhebliche Unterschiede in der Rendite der Investition.

Der Einwand liegt auf der Hand, daß in einem so einfachen Fall wie diesem eine Renditenrechnung nicht gebraucht wird, um die pay-out-Rechnung zu korrigieren. Auch ohne eine Renditenrechnung ist offensichtlich, daß die Investition mit der längeren Lebensdauer der mit der kürzeren vorzuziehen ist. Genauso ist es auch ohne Renditenrechnung leicht einzusehen, daß von zwei Investitionen, die sich nur in der Höhe ihrer Erträge unterscheiden, diejenige mit dem höheren Ertrag den Vorrang verdient. So einfach wie in diesen Fällen liegen die Investitionsverhältnisse in der Wirklichkeit aber nie: hier sind bei den verschiedenen Investitionen immer unterschiedliche Beträge der Kapitalbindung mit unterschiedlichen Ertragsverläufen und verschiedenen Lebensdauern zu vergleichen. Hier kann die Berechnung der pay-out-Periode niemals eine Renditenrechnung ersetzen, weil sie den zeitlichen Anfall der Erträge weder innerhalb der pay-out-Periode noch innerhalb der gesamten Lebensdauer der Investition berücksichtigt; es ist auch nicht mehr möglich, diese pay-out-Rechnung durch einfache Nebenrechnung, wie in dem Beispiel 7a, zu ergänzen. In diesen Fällen kann nur die Barwertrechnung genaue Ergebnisse liefern.

b) bei schwankenden Erträgen, ungleichem Kapitaleinsatz und verschiedener Lebensdauer

Investition	A	B	C
Investitionsbetrag	367 000	425 000	210 000
Ergebnis und Abschreibung:			
1. Jahr	30 000		
2. Jahr	60 000	120 000	
3. Jahr	130 000		
4. Jahr	150 000		
5. Jahr	100 000		
6. Jahr			
7. Jahr		230 000	35 000
8. Jahr	50 000		
9. Jahr			
10. Jahr			
11.—15. Jahr	—	100 000	
16.—20. Jahr	—	—	
pay-out-Periode	4 Jahre	5 Jahre	6 Jahre
effektive Rendite	17 %	36 %	16 %

Wie ersichtlich, ergeben sich große Differenzen in den einzelnen Investitionsrenditen bei ungefähr gleicher Auszahlungszeit. Auszahlungszeit und Rendite verlaufen nicht parallel — sie können es zwar zufällig, wenn der Ertragsverlauf der Investitionen gleichmäßig und die Lebensdauern dieselben sind. Das sind jedoch Voraussetzungen, die in Wirklichkeit nur zufällig gegeben sind. Die Regel ist, daß Investitionen mit ungleichem Ertragsverlauf, ungleicher Lebensdauer, verschieden hohem Kapitaleinsatz miteinander zu vergleichen sind. Hier besteht keine Korrelation mehr zwischen den verschiedenen Auszahlungszeiten und der Investitionsrendite.

Der Wert der Auszahlungszeit als komparativer Maßstab der Investitionsrechnung ist also sehr gering. Noch wesentlicher ist aber, daß die Auszahlungszeit nur ein komparativer, kein absoluter Maßstab ist: sie zeigt im besten Falle nur, welche von zwei Investitionen verhältnismäßig günstiger ist, gibt aber bei keiner die absolute Höhe der Rendite an. Daher ist dieser Maßstab von vornherein ungeeignet, wenn nicht eine vergleichende Betrachtung angestellt wird, sondern — was viel häufiger ist — die Frage nach der Renditenhöhe einer einzelnen Investition beantwortet werden muß. Für eine richtige Beantwortung dieser Frage fehlen hier die wesentlichen Voraussetzungen, weil die pay-out-Rechnung nur einen kleinen Ausschnitt aus dem Gesamtergebnis der Investition zeigt und die zeitliche Sequenz im Ertragsanfall unberücksichtigt läßt.

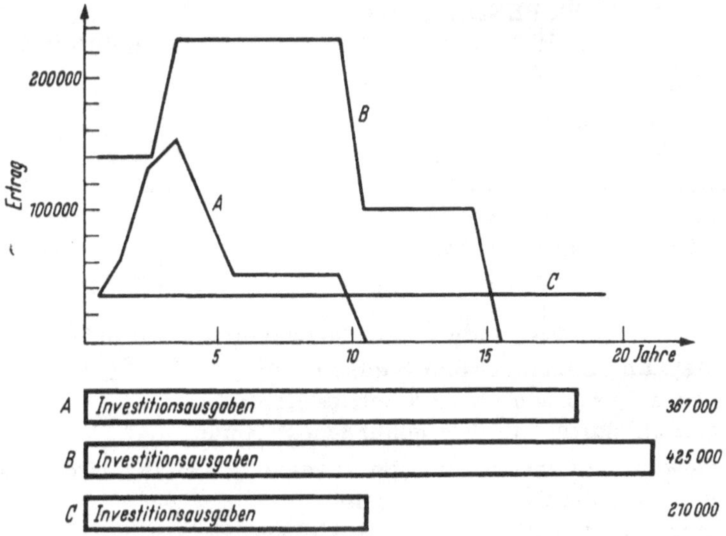

b) Die buchhalterische Methode

Nur eine Investitionsrechnung, die von den künftigen Kosten und Erträgen einer Investition während ihrer voraussichtlichen Lebensdauer ausgeht, kann Grundlage für die Bestimmung der effektiven Rendite einer Investition sein.

Wenn die künftigen Kosten und Erträge einer Investition vorausgeschätzt sind, gibt es grundsätzlich zwei Wege der Renditenrechnung:

1. die Barwertrechnung, die den Zinssatz feststellt, bei dessen Anwendung der Barwert des künftigen Einnahmenüberschusses aus der Investition dem Barwert der Investitionsausgaben gleichkommt und
2. die buchhalterische Methode, bei der das durchschnittliche Periodenergebnis entweder zu dem ursprünglich eingesetzten Kapital oder zu dem durchschnittlich während der Lebensdauer der Investition gebundenen Kapital ins Verhältnis gesetzt wird.

Der grundsätzliche Fehler der buchhalterischen Methode liegt darin, daß sie den zeitlichen Anfall der Erträge aus der Investition völlig ignoriert. Ein Ertrag also, der heute anfällt, wird in der Rechnung genauso behandelt wie einer, der erst in 10 Jahren entsteht; daß der letzte Ertrag einen wesentlich geringeren Wert hat, kann die buchhalterische Methode nicht berücksichtigen, da hier eine Abzinsung der Erträge entsprechend ihrem zeitlichen Anfall nicht stattfindet.

BEISPIEL 8: INDIFFERENZ DER BUCHHALTERISCHEN METHODE DER RENDITENRECHNUNG GEGENÜBER DEM ZEITLICHEN ANFALL DER ERGEBNISSE EINER INVESTITION

Investitionsbedingungen

Erwerbspreis	DM 1000,—
Lebensdauer	10 Jahre
durchschnittliches Ergebnis	100,— p. a.
durchschnittliche Abschreibungen	100,— p. a.
Einnahmenüberschuß im Durchschnitt	200,— p. a.

a) bei gleichen Einnahmenüberschüssen je Periode

Rendite nach buchhalterischer Methode:

bezogen auf ursprünglich eingesetztes Kapital	10 % p. a.
bezogen auf durchschnittlich gebundenes Kapital	20 % p. a.

Der Gewinn, der im 10. Jahr der Investition anfällt, wird genauso behandelt wie der Gewinn im 1. Jahr.

Effektive Rendite nach der Barwertrechnung: 16 % p. a.

b) bei steigenden Einnahmenüberschüssen je Periode

Jahr	Einnahmenüberschuß
1	—
2	—
3	—
4	50
5	200
6	250
7	300
8	350
9	400
10	450
Gesamt	2000
Durchschnitt	200

Rendite nach buchhalterischer Methode:

bezogen auf ursprünglich eingesetztes Kapital	10% p. a.
bezogen auf durchschnittlich gebundenes Kapital	20% p. a.

Effektive Rendite nach der Barwertrechnung: 10% p. a.

c) bei fallenden Einnahmenüberschüssen je Periode

Jahr	Einnahmenüberschuß
1	450
2	400
3	350
4	300
5	250
6	200
7	50
8	—
9	—
10	—
Gesamt	2000
Durchschnitt	200

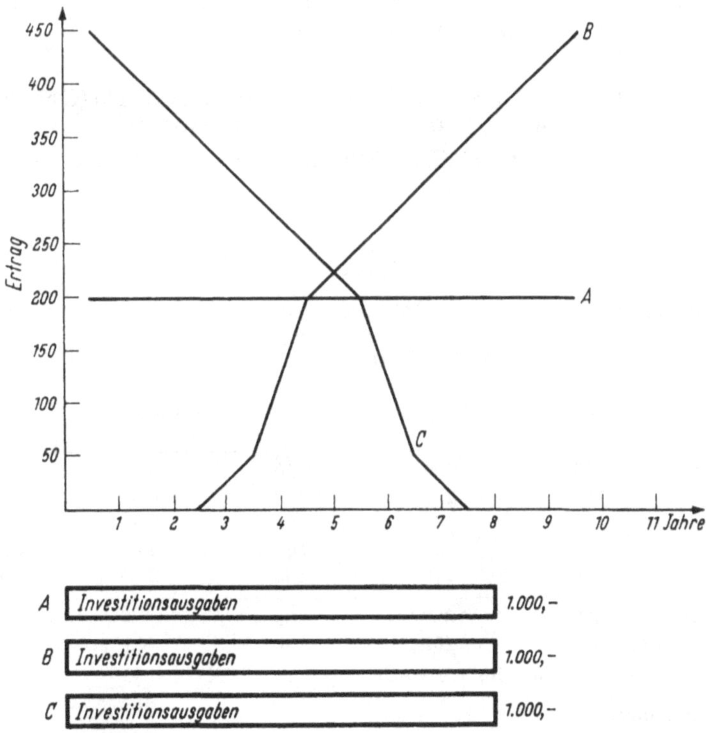

Rendite nach buchhalterischer Methode:

bezogen auf ursprünglich eingesetztes Kapital .... 10% p. a.
bezogen auf durchschnittlich gebundenes Kapital .... 20% p. a.

Effektive Rendite nach der Barwertrechnung: 31% p. a.

Ein weiterer Nachteil der buchhalterischen Methode als Basis für die Renditenrechnung von Investitionen ist in der Fülle verschiedener Ergebnisse zu sehen, die sie dem Investor für dieselbe Investition liefern kann. Je nachdem, ob das ursprünglich eingesetzte Kapital oder das während der Laufzeit der Investition durchschnittlich gebundene zugrunde gelegt wird, unterscheiden sich die Ergebnisse für dieselbe Investition um 100%. Eine Entscheidung für den einen oder anderen Wert ist nicht möglich, da beide falsch sind: in dem einen Falle wird angenommen, das Kapital sei während der gesamten Laufzeit der Investition in voller Höhe gebunden — was nicht richtig ist; in dem anderen, weil angenommen wird, die Kapitalbindung sei das einfache arithmetische Mittel von Anfangs- und Endbestand — was auch falsch ist, da die Wichtung der Kapitalbindung nach den Zeitperioden, in die sie fällt, fehlt.

Noch verwirrender werden die Ergebnisse, wenn wir uns die Periodenrendite ansehen, welche die buchhalterische Methode je nach den verschiedenen Abschreibungsmethoden liefert:

BEISPIEL 9: PERIODENRENDITE EINER INVESTITION NACH DER BUCHHALTERISCHEN METHODE BEI VERSCHIEDENEN ABSCHREIBUNGSSÄTZEN

Investitionsbedingungen:

Investitionsbetrag .... DM 1000,—
Laufzeit .... 5 Jahre
Einnahmenüberschuß ...... DM 300,— p. a.

a) Rendite bei linearer Abschreibung

Jahr	Einnahmenüberschuß	Abschreibung	Gewinn	Buchwert[1]	Rendite
1	300	200	100	1000	11,1 %
2	300	200	100	800	14,3 %
3	300	200	100	600	20,0 %
4	300	200	100	400	33,3 %
5	300	200	100	200	100,0 %
Gesamt	1500	1000	500	—	
Durchschnitt	300	200	100	500	
Effektive Rendite nach Barwertrechnung					18 %

[1] am Periodenbeginn.

b) Rendite bei digitaler Abschreibung

Jahr	Einnahmen-überschuß	Abschreibung[2]	Gewinn	Buchwert[1]	Rendite
1	300	334	— 34	1000	— 4,1 %
2	300	266	34	666	6,4 %
3	300	200	100	400	33,3 %
4	300	133	167	200	125,1 %
5	300	67	233	67	695,5 %
Gesamt	1500	1000	500	—	
Durchschnitt	300	200	100	500	
Effektive Rendite nach Barwertrechnung					18 %

Die Rendite der Gesamtinvestition ist in beiden Fällen die gleiche und muß es sein, weil sich an dem effektiven Einnahmenüberschuß der Investition durch die verschiedene Verrechnung der Abschreibung nichts ändert. Der objektive Wert der Investition kann nicht durch die Abschreibungstechnik verändert werden, da durch sie die tatsächlichen Ausgaben und Einnahmen der Investition nicht berührt werden, sich also nichts an den wirtschaftlichen Gegebenheiten der Investition ändert. Maßgeblich ist immer nur die Gesamtrendite der Investition während ihrer wirtschaftlichen Lebensdauer. Die Grenzziehung zwischen Kapitalrückfluß (Abschreibung) und Gewinn ist nur ein Problem der Periodenrechnung; dieses Problem muß aus buchhalterischen Gründen während der einzelnen Investitionsperioden gelöst werden; dabei wird es ohne Willkür und Berücksichtigung auch außerwirtschaftlicher, insbesondere steuerlicher Gesichtspunkte, nicht abgehen. Für die Investitionsrechnung ist aber diese Periodenrechnung ohne Bedeutung, denn der Investor kauft die Investition als zeitliche Einheit mit einer bestimmten Gesamtrendite, nicht die Rendite einzelner Perioden.
Weder als Gesamtrechnung noch als Periodenrechnung ist die buchhalterische Methode für die Investitionsrechnung geeignet.

c) Die Barwertrechnung (discounted cash flow method)

Wenn wir investieren, so vernichten wir in der Gegenwart Kapital in der Hoffnung auf einen künftigen Nutzen. Mit der Investition ist das Kapital zunächst verloren, denn erfüllt die Investition nicht ihren vorbestimmten Zweck, so besteht — abgesehen von einem möglichen Schrottwert — keine Aussicht, das eingesetzte Kapital wiederzugewinnen. Der Wert der Investition hängt nur von ihrem künftigen Nutzen ab.

1 am Periodenbeginn
2 Abschreibungsbetrag: 1. Jahr 5/15, 2. Jahr 4/15, 3. Jahr 3/15, 4. Jahr 2/15, 5. Jahr 1/15.

Das Ziel der Barwertrechnung ist es, die Rendite einer Investition zu ermitteln. Die Rendite der Investition ergibt sich aus den jährlichen Einnahmenüberschüssen, die sie während ihrer Lebensdauer dem Investor bringt; diese Einnahmenüberschüsse werden gemessen an den Investitionsausgaben, die der Investor zum Erwerb der Investion aufwenden muß.

Ausgangspunkt für die Ermittlung der Investitionsrendite sind also Einnahmen und Ausgaben, nicht Erträge und Kosten einer Investition. Denn die Investitionsrechnung ist eine Rechnung, die der Kapitaldisposition und der Ermittlung der Kapitalrendite dient. Über Kapital wird nur durch Geldbewegungen, d. h. Einnahmen und Ausgaben, nicht durch buchhalterische Verrechnungen disponiert. Auch die Rendite einer Investition kann nur aus Einnahmen, nicht aus buchhalterischen Verrechnungen stammen. Es ist daher, bevor überhaupt mit der Investitionsrechnung begonnen wird, fundamental, sich von buchhalterischen Überlegungen zu lösen und die gesamte Rechnung auf Einnahmen und Ausgaben zu basieren. Kapital wird nur durch Ausgaben gebunden und nur durch Einnahmen aus seiner Bindung herausgelöst. Die Rendite des Kapitals kann nur aus Einnahmen stammen. Die periodischen Abgrenzungen, die zwischen Ausgaben und Kosten, zwischen Ertrag bzw. Leistung und Einnahmen liegen, sind für die Investitionsrechnung irrelevant. Hier kommt es nur auf Kapitalbindung und Kapitalrendite an, die nur aus Geldbewegungen stammen können.

Für die Ermittlung der Investitionsrendite gibt es auch innerhalb der Barwertmethode verschiedene Wege. Die einfachste und hier vorgeschlagene Methode besteht darin, daß die von der Investition künftig erwarteten Einnahmenüberschüsse (cash flow) — das ist buchhalterisch ausgedrückt Gewinn + Abschreibung einer Periode — auf die Gegenwart diskontiert werden und dabei derjenige Zinssatz festgestellt wird, bei dem der Barwert dieser periodischen Überschüsse gleich dem Barwert der Investitionsausgaben ist. Dieser Zinssatz bezeichnet dann die Rendite, welche die Investition während ihrer Lebensdauer über die Wiedergewinnung des Kapitaleinsatzes hinaus abwirft. Anders ausgedrückt: zu diesem Zinssatz kann das eingesetzte Kapital aus den vorhergesehenen Einnahmenüberschüssen während seiner Lebensdauer kontinuierlich verzinst und zurückgezahlt werden. Dadurch, daß wir bei dieser Art der Renditenrechnung den Zinssatz bestimmen, bei dem der Barwert der künftigen Erträge dem Gegenwartswert der Investitionsausgaben gleichkommt, haben wir in der Rechnung selbst schon die Wiedergewinnung des eingesetzten Kapitals berücksichtigt und eine Berechnung von periodischen Abschreibungen, um die die periodischen Einnahmenüberschüsse aus der Investition zu kürzen wären, ist nicht mehr notwendig. In der Barwertrechnung entfällt also das sonst so schwierige Problem der Abschreibung. Die Wiedergewinnung des eingesetzten Kapitals ist in dem Rechnungsansatz bereits enthalten, denn eine Rendite ergibt sich nur dann, wenn die künftigen Einnahmenüberschüsse die Investitionsausgaben überschreiten; wird nur gerade eine Deckung der Investitionsausgaben durch die künftigen Nutzungen erreicht, so ist die Rendite gleich null.

Da die Barwertrechnung das Ziel hat, die effektive Rendite der Investition festzustellen, ist es auch nicht notwendig, bei dieser Art der Renditenberechnung sich über eine Mindestrendite zu einigen, mit der diese Barwerte berechnet werden. Das würde dem Sinn dieser Rechnung zuwiderlaufen, deren Zweck es ist, die effektive Rendite der Investition zu zeigen und nicht den Kapitalwert ihrer Nutzungen, bewertet zu einer angenommenen Mindestrente, darzustellen. Eine Mindestrendite als Maßstab für die Investitionslenkung ist wohl notwendig, sie ist aber nicht Teil der Investitionsrechnung, in der die effektive Rendite der Investition festgestellt werden soll. Erst dann, wenn diese effektive Rendite feststeht, kann sie einer Mindestrendite vergleichend gegenübergestellt werden; mit Investitionsrechnung hat das aber nichts mehr zu tun.

Diese Barwertrechnung ist die einzig betriebswirtschaftlich richtige Form der Investitionsrechnung; sie ist auf alle Investitionen anwendbar, die einen meßbaren Nutzen abwerfen; das sollte der weitaus überwiegende Teil aller Investitionen sein. Die hierfür erforderlichen Kalkulationen können auch leicht durchgeführt werden. Die Barwertrechnung beruht jedoch auf einer fundamentalen Voraussetzung. Bei jeder Investition müssen deren Ausgaben und Einnahmen in den einzelnen Jahren — oder Jahresgruppen — während ihrer Lebensdauer vorausgeschätzt und angegeben werden. Ohne diese quantitative Festlegung der mit einer Investition verbundenen wirtschaftlichen Erwartungen ist eine Investitionsrechnung, eine wirtschaftliche Lenkung des betrieblichen Kapitaleinsatzes und eine post-mortem-Kontrolle dieses Kapitaleinsatzes nicht möglich. Diese quantitative Niederlegung der Investitionserwartungen ist nichts Unmögliches; wird sie denen, die Investitionen beantragen, zur Auflage gemacht, so kann man sie bekommen — vielleicht zuerst nicht in einer sehr vollkommenen Form; der erste Schritt ist immer der schwerste, wer ihn aber nicht tut, kann auch den zweiten nicht unternehmen. Wir müssen uns also zu dem Grundsatz bekennen, daß der Wert einer Investition nur von ihrem künftigen Nutzen abhängt und daß wir diesen Nutzen, bevor investiert wird, so gut als nur irgend möglich kennen wollen; dann werden wir auch — zunächst vielleicht nur unvollkommen —mit der Zeit aber immer besser ein Bild von der Ertragsmacht erhalten, mit der die Unternehmung durch den Investitionsprozeß angereichert wird.

Das ist die einzige Voraussetzung für eine richtige Investitionsrechnung; sie ist rudimentär genug. Da eine Unternehmung nicht von der Hand in den Mund leben kann, sondern Vorsorge für die künftige Bestreitung ihrer Zinsverpflichtungen und Dividendenzahlungen treffen muß, ist es nur sinnvoll bei einem Kapitaleinsatz, der weit in die Zukunft reicht, heute schon zu fragen, ob dieses Kapital denn auch zur Erfüllung dieser in der Zukunft zu erwartenden Verpflichtungen beitragen kann. Insbesondere die Fähigkeit der Unternehmung, eine stabile Dividendenpolitik zu verfolgen, hängt unmittelbar von ihrer Fähigkeit ab, ihre Investitionsausgaben in der Gegenwart betriebswirtschaftlich richtig zu lenken. Im Investitionsprozeß befinden wir uns an der Stelle der Unternehmungspolitik, welche neben der Forschung und Entwicklung die zeitlich weitreichendste Bedeutung für die künftige Entwicklung einer Unternehmung hat. Daher zwingt uns dieses Sachgebiet wie kaum ein anderes dazu, uns von dem statischen Bild der Gegenwart und der näheren Zukunft zu lösen und in größeren Zeiträumen zu denken. Wenn wir an das einzelne Investitionsprojekt nicht die Frage richten: was wird sein Nutzen für die Unternehmung in den nächsten Jahren sein, dann können wir auch nicht sinnvoll die Frage stellen, was wird aus der Unternehmung in den nächsten Jahren werden. Und nur diese Fragestellung gibt uns die Möglichkeit, sinnvolle Ziele für die künftige Entwicklung einer Unternehmung aufzustellen.

Die Barwertrechnung bietet keine sachlichen Schwierigkeiten; sie verlangt aber eine dynamische, zukunftsgerichtete Konzeption der gesamten Unternehmung. Unüberwindlich ist das Problem nicht, man muß es nur behutsam anpacken und sich dabei die Erfahrungen, die andere Unternehmen gemacht haben, zunutze machen. In der amerikanischen Petroleumindustrie werden derartige Rechnungen schon seit längerer Zeit angewandt und in der chemischen Industrie der USA hat sich die Economic Evaluation seit 1955 mehr oder weniger durchgesetzt; hierzu gehört auch die Investitionsrechnung, bei der die discounted cash flow method als die einzig richtige Methode anerkannt ist.

Die Barwertmethode soll nun anhand einiger abstrakter Beispiele erläutert werden; wir verzichten also auf eine konkrete Umschreibung der einzelnen Investitionsobjekte, da dies zur Darstellung der Rechnungstechnik nicht notwendig ist.

Zu dieser Barwertrechnung sind besondere Zinstafeln notwendig, die von einem stetigen Zinslauf, und — soweit Barwerte und Endwerte von Renten berechnet werden — von einem kontinuierlichen Rentenlauf ausgehen. Die entsprechenden Zinstafeln mit den hierzugehörigen Erläuterungen sind im Anhang aufgeführt.

BEISPIEL 10: ANWENDUNG DER BARWERTMETHODE BEI DER INDUSTRIELLEN INVESTITIONSRECHNUNG

a) bei gleichbleibendem Einnahmenüberschuß (cash flow)

Kosten der Investition	DM 95 000,—
Laufzeit	15 Jahre
cash flow p. a.	DM 20 000,—

Ermittlung der effektiven Rendite:
15 Jahre × DM 20 000,— = gesamter cash flow DM 300 000,—

$$\frac{\text{Investition: DM 95 000,—}}{\text{gesamter cash flow: DM 300 000,—}} = 0{,}316\ldots$$

Eine kontinuierliche jährliche Rente von DM 1,— hat bei einer Laufzeit von 15 Jahren einen Barwert von 0,3167 bei einem Zinsfuß von 20% (s. Zinstafel B II 15 Jahre).
Die effektive Rendite der Investition beträgt also 20%.
Probe: 15 × 20 000 × 0,3167 = DM 95 010,— = Kosten der Investition.

Die Renditenermittlung bei gleichbleibendem cash flow ist rechnungstechnisch am einfachsten; die Rendite kann hier nach einer Rechnung direkt aus der Zinstafel abgelesen werden. Liegt die Rendite zwischen zwei Zinsfüßen, so ist ihre Bestimmung durch Interpolation leicht möglich.

b) bei ansteigendem cash flow

Kosten der Investition:	
Einrichtung und Gebäude ..	DM 27 000,—
Grund und Boden	DM 25 000,—
insgesamt	DM 52 000,—
Laufzeit	25 Jahre

Jahr	cash flow p. a.	Barwert zu 15%		14%
1— 5	6 000,—	0,7034[2]	= 21 102	21 576
5—25	10 000,—	0,3167[3] × 0,4724[4]	= 29 920	33 400
25	25 000,—[1]	0,0235[5]	= 588	755
			51 610	55 731

Durch Interpolation ergibt sich eine effektive Rendite von 14,9%.

1 Investition in Grund und Boden wird nach Ablauf der Lebensdauer wieder freigesetzt.
2 Zinstafel B II 5 Jahre
3 Zinstafel B II 20 Jahre
4 Zinstafel B I 5 Jahre
5 Zinstafel B I 25 Jahre

c) bei fallendem cash flow

Kosten der Investition .... DM 61 000,—
Laufzeit .... 10 Jahre

Jahr	cash flow p. a.	Barwert zu 20 %		26 %
1	27 194,—	0,9063[1]	= 24 646	23 947
2— 5	17 052,—	0,6883[2] × 0,8187[3]	= 38 435	32 672
6—10	4 536,—	0,6320[4] × 0,3679[5]	= 5 275	3 470
			68 356	60 089

Durch Interpolation ergibt sich eine effektive Rendite von 25,3 %.

d) bei unregelmäßigem cash flow

Kosten der Investition .... DM 50 000,—
Laufzeit .... 10 Jahre

Jahr	cash flow p. a.	Barwert zu 12 %[6]		10 %
1	— 2 000	0.9423 =	— 1 885	— 1 903
2	— 2 000	0.8358 =	— 1 672	— 1 722
3	800	0.7413 =	593	617
4	3 000	0.6574 =	1 972	2 115
5	2 000	0.5831 =	1 166	1.276
6	1 000	0.5172 =	517	577
7	40 000	0.4588 =	18 352	20 892
8	32 000	0.4069 =	13 021	15.123
9	23 000	0.3609 =	8 301	9 835
10	13 000	0.3201 =	4 161	5 030
			44 526	51 840

Durch Interpolation ergibt sich eine effektive Rendite von 10,5 %.

e) Vergleich von jährlichem und stetigem Zinslauf

Kosten der Investition .... DM 10 000,—
Laufzeit .... 10 Jahre

[1] Zinstafel B II 1 Jahr
[2] Zinstafel B II 4 Jahre
[3] Zinstafel B I 1 Jahr
[4] Zinstafel B II 5 Jahre
[5] Zinstafel B I 5 Jahre
[6] Zinstafel B III

Jahr	cash flow p. a.	Barwert bei 26 % Jahreszinsen	27 % Jahreszinsen	22 % stet. Zinsen	25 % stet. Zinsen
1	—	—	—	—	—
2	— 500	— 354,23	— 350,20	— 360,20	— 344,55
3	4500	2530,23	2481,71	2601,45	2415,15
4	5000	2231,35	2171,21	2319,50	2089,50
5	5000	1770,83	1709,62	1861,50	1627,50
6	5000	1405,42	1346,16	1494,—	1267,50
7	5000	1115,42	1059,97	1199,—	987,—
8	4500	796,73	751,16	865,80	692,10
9	3000	421,54	394,31	463,20	359,10
10	2200	245,35	227,68	272,58	205,26
		10162,54	9791,62	10716,83	9298,56
		Rendite bei jährlicher Verzinsung: 26,4 %		Rendite bei stetiger Verzinsung: 23,5 %	

Dieses Beispiel ist hier eingefügt, um den Unterschied zwischen der Rechnung mit Jahreszinsen und stetigen Zinsen zu zeigen. Bei der Rechnung mit Jahreszinsen ergibt sich eine höhere Rendite der Investition als die effektive Rente.

f) bei unregelmäßigem cash flow und Zusatzinvestitionen

Auch wenn während der Laufzeit der Investition zusätzliche Investitionen notwendig werden, um die Leistungsfähigkeit der Anlage zu erhalten, bleibt die Methode der Barwertrechnung anwendbar.

Kosten der Investition	DM 300 000,—
Laufzeit	4 Jahre
Zusatzinvestition am Ende des 4. Jahres	DM 25 000,—
Laufzeit	6 Jahre
Gesamtkosten der Investition	DM 325 000,—
Laufzeit insgesamt	10 Jahre

Die Kosten der Investition fallen wie folgt an: vom 3.—2. Jahr vor Inbetriebnahme DM 100 000,—, vom 2.—1. Jahr DM 180 000,—, im 1. Jahr vor Inbetriebnahme DM 20 000,—, vom 3.—4. Jahr nach Inbetriebnahme DM 25 000,—. Da der genaue zeitliche Anfall in diesen Perioden unbekannt ist, wird angenommen, daß sich diese Ausgaben gleichmäßig in diesen Zeiträumen verteilen.

KAPITALBASIS

Jahr	Investitionsausgaben	Faktoren 11 %	Faktoren 10 %	Barwert zu 11 %	Barwert zu 10 %
-3 — -2	100 000	1,3173[1]	1,2845[1]	131 730	128 450
-2 — -1	180 000	1,1800[1]	1,1623[1]	212 400	209 214
-1 — 0	20 000	1,0571[1]	1,0517[1]	21 142	21 034
3 — 4	25 000	0,6808[2]	0,7050[2]	17 020	17 625
	325 000			382 292	376 323

EINNAHMENÜBERSCHUSS

Jahr	Einnahmenüberschuß	Faktoren[2] 11 %	Faktoren[2] 10 %	Barwert zu 11 %	Barwert zu 10 %
0 — 1	100 000	0,9470	0,9516	94 700	95 160
1 — 2	80 000	0,8483	0,8611	67 864	68 888
2 — 3	70 000	0,7600	0,7791	53 200	54 537
3 — 4	30 000	0,6808	0,7050	20 424	21 150
4 — 5	80 000	0,6099	0,6379	48 792	51 032
5 — 6	70 000	0,5463	0,5772	38 241	40 404
6 — 7	50 000	0,4894	0,5223	24 470	26 115
7 — 8	35 000	0,4385	0,4726	15 348	16 541
8 — 9	10 000	0,3928	0,4276	3 928	4 276
9—10	10 000	0,3519	0,3869	3 519	3 869
	535 000			370 486	381 972
Quotienten:				1,032	0,985

Durch Interpolation ergibt sich eine effektive Rendite von 10,3 %

In der Regel fallen Investitionsausgaben nicht einmal, sondern — je nach der Größe der Investitionen — verteilt über einen längeren oder kürzeren Zeitraum an. In Großbetrieben, die kontinuierlich investieren, weist der Verlauf der Investitionsausgaben oft eine typische Form auf, die innerhalb von Unternehmen gleicher Branche und Betriebsgröße nicht allzusehr abweicht. Hier können wir also voraussagen, wie sich die Investitionsausgaben von dem Zeitpunkt der Genehmigung der Investition bis zu ihrer Inbetriebnahme oder zu einem noch späteren Zeitpunkt in einer bestimmten zeitlichen Reihenfolge verteilen werden. Wenn ein derartiger typischer Verlauf der Investitionsausgaben bekannt ist, ist es nicht notwendig, die in den einzelnen Perioden anfallenden Ausgaben in der Barwertrechnung im einzelnen in Ansatz zu bringen, wie in dem vorstehenden Beispiel angegeben. Es ist vielmehr möglich, auf der Basis

1 Tafel A III
2 Tafel B III

eines derartigen typischen Verlaufs der Investitionsausgaben besondere Zinstabellen zu entwickeln, die in einer Zahl den Barwert von DM 1,— Investitionsausgabe zu den verschiedenen Zinsfüßen zeigen.

BEISPIEL 11: BARWERT DER INVESTITIONSAUSGABEN, BASIEREND AUF EINEM TYPISCHEN INVESTITIONSVERLAUF

Typischer Verlauf der Investitionsausgaben kumuliert

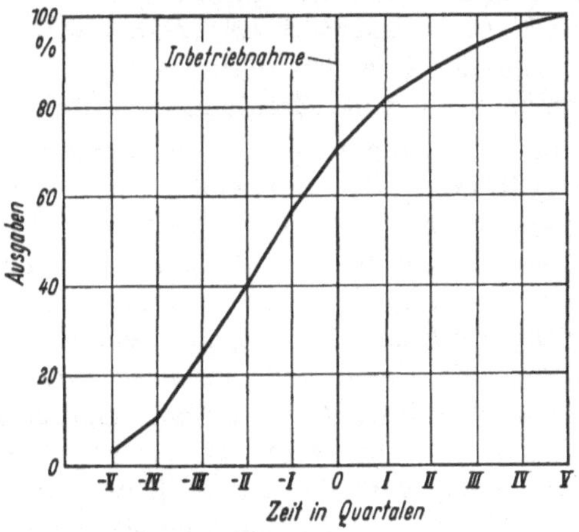

Hieraus ergibt sich folgender Barwert von DM 1,— Investitionsausgabe zum Zeitpunkt der Inbetriebnahme der Investition.

1 % = 1,0019	11 % = 1,0209	21 % = 1,0440	31 % = 1,0714	41 % = 1,1033
2 % = 1,0033	12 % = 1,0230	22 % = 1,0466	32 % = 1,0744	42 % = 1,1067
3 % = 1,0052	13 % = 1,0252	23 % = 1,0492	33 % = 1,0775	43 % = 1,1102
4 % = 1,0070	14 % = 1,0274	24 % = 1,0519	34 % = 1,0806	44 % = 1,1137
5 % = 1,0088	15 % = 1,0296	25 % = 1,0545	35 % = 1,0837	45 % = 1,1175
6 % = 1,0106	16 % = 1,0318	26 % = 1,0572	36 % = 1,0869	46 % = 1,1209
7 % = 1,0126	17 % = 1,0341	27 % = 1,0599	37 % = 1,0901	47 % = 1,1246
8 % = 1,0146	18 % = 1,0364	28 % = 1,0627	38 % = 1,0933	48 % = 1,1285
9 % = 1,0167	19 % = 1,0388	29 % = 1,0656	39 % = 1,0965	49 % = 1,1321
10 % = 1,0188	20 % = 1,0414	30 % = 1,0685	40 % = 1,0998	50 % = 1,1359

Verfügt man über derartige Zinstafeln, deren Basis freilich von Zeit zu Zeit überprüft werden muß, so kann der Kapitalwert der Investitionsausgaben unmittelbar hieraus abgelesen werden. Es ist dann also nicht mehr notwendig, für jedes Jahr eine gesonderte Berechnung vorzunehmen, wie in dem Beispiel 10 f) gezeigt.

Dieses Beispiel ist ferner deswegen von besonderer Bedeutung, weil es die Berücksichtigung von Zusatzinvestitionen während der Laufzeit oder am Ende der Laufzeit einer Investition demonstriert. Das ist ein Fall, der besonders bei der Ersatzinvestition und bei Investitionen für die Erweiterung der Kapazität von Vorprodukten eine Rolle spielt. Wegen der besonderen Bedeutung dieser beiden Fälle sollen sie später ausführlich behandelt werden.

Die in den oben angeführten Beispielen gezeigte Technik der Barwertrechnung mag auf den ersten Blick kompliziert erscheinen; wenn man sich aber erst einmal an die Benutzung der Zinstafeln gewöhnt hat, wird die Rechnungstechnik schon wesentlich einfacher. Außerdem gibt es eine Reihe von Kunstgriffen, derer wir uns in der Praxis der Investitionsrechnung bedienen können, um uns die Arbeit zu erleichtern.

Die erste Schwierigkeit ist die ungefähre Bestimmung des Renditenbereichs einer Investition; sie ist notwendig, damit wir schon bei der ersten Barwertrechnung ungefähr in die Nähe der voraussichtlichen Rendite kommen. Weiter oben (Beispiel 3) haben wir hierfür schon eine grobe Rechnungsformel gezeigt, die auf die industrielle Investition angewandt werden kann. Doch hat diese Formel zwei Nachteile: einmal ist bei ihrer Anwendung eine, wenn auch einfache, Rechenoperation notwendig; zum anderen führt diese Rechnung bei längeren Laufzeiten von Investitionen zu Ergebnissen, die weit von der effektiven Rendite der Investition entfernt liegen, weil hier der zeitliche Verlauf des Einnahmenüberschusses nicht berücksichtigt ist. Um diese Schwierigkeiten in der Rechnung wie auch in der Ungenauigkeit ihrer Ergebnisse zu vermeiden, haben wir eine grafische Darstellung von Kurven entwickelt, aus der die ungefähre Rendite einer Investition direkt abgelesen werden kann. Diese grafische Ermittlung der Investitionsrendite ist ganz genau dann, wenn der Einnahmenüberschuß der Investition während ihrer Lebensdauer gleichbleibend verteilt ist und keine Komplikationen auf der Kapitalseite (Zusatzinvestitionen etc.) eintreten. In der Regel ist das aber der Fall, und außerdem können in einer derartigen Zeichnung nur die groben Umrisse der effektiven Renditen abgelesen werden. Daher ist eine derartige grafische Darstellung nur als eine erste Näherungsrechnung zu verwenden. Auch in dieser Darstellung wird mit stetigem Zinslauf gerechnet.

Ist der ungefähre Renditenbereich der Investition aus der Arbeitstafel ermittelt, so ist zu dem nächstliegenden Zinsfuß die Berechnung des genauen Barwertes des Einnahmenüberschusses vorzunehmen. Hierbei ist folgendes zu beachten: liegt der Barwert des Einnahmenüberschusses, der sich so ergibt, über dem Barwert der Investitionsausgaben, so ist die effektive Rendite der Investition höher als der Zins, mit dem gerechnet

BEISPIEL 12: ARBEITSTAFEL ZUR VORLÄUFIGEN RENDITENERMITTLUNG IM INVESTITIONSBEREICH VON 1—50% für Laufzeiten von 3—40 Jahren.

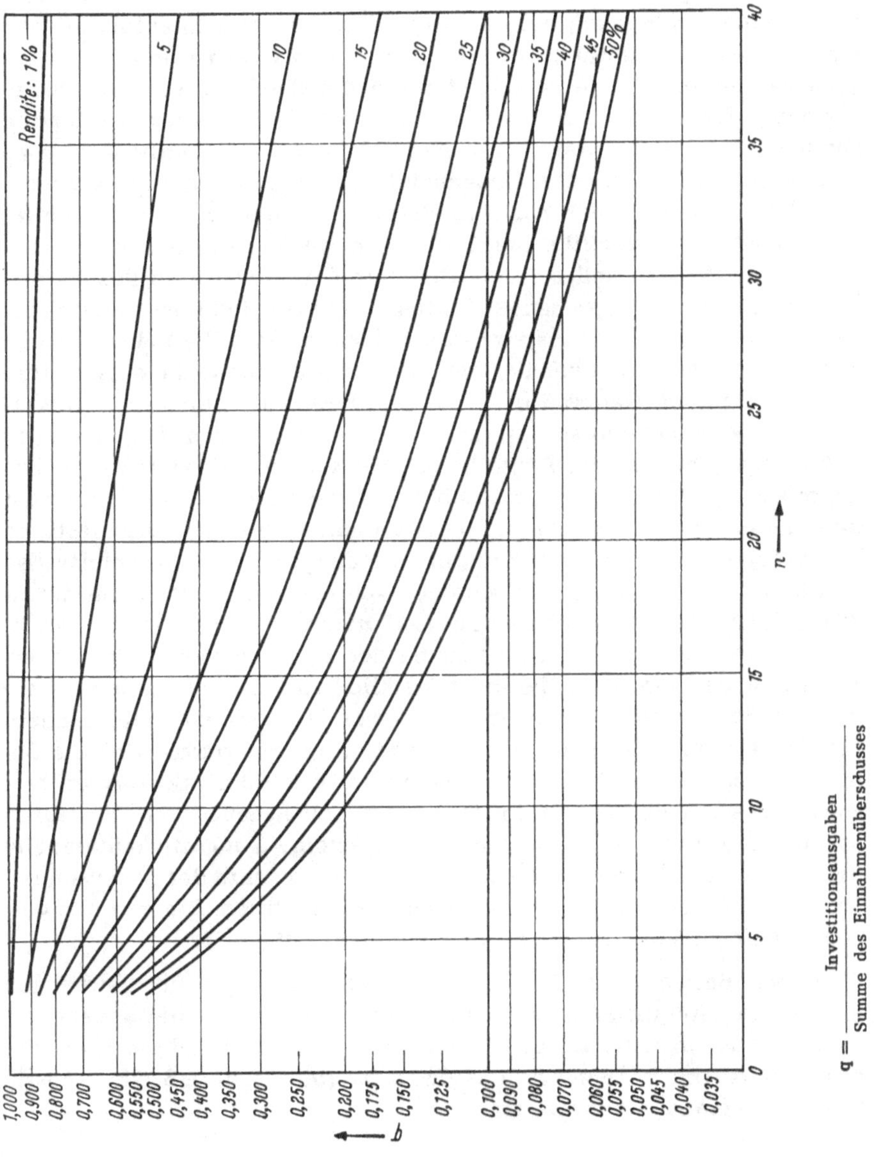

wurde; die nächste Zinsrechnung muß dann also mit einem höheren Zinsfuß durchgeführt werden; liegt der Barwert unter den Investitionsausgaben, so muß mit einem niedrigeren Zinsfuß weitergerechnet werden. Der Abstand zwischen beiden Zinsfüßen kann aus der Höhe der Differenz zwischen Barwert des Einnahmenüberschusses und dem Barwert der Investitionsausgaben geschätzt werden; er sollte in der Rechnung so groß gewählt werden, daß er die effektive Rendite sicher eingrenzt. Eine Bestimmung der effektiven Rendite durch Interpolation aus sehr weit auseinanderliegenden Zinsfüßen muß zwar zu ungenauen Ergebnissen führen; bei Anwendung der Arbeitstafel zur vorläufigen Bestimmung des Renditenbereichs ist es aber möglich, die effektive Rendite aus der Interpolation von Zinsfüßen zu bestimmen, die nicht weiter als 5% auseinanderliegen. Die Ungenauigkeiten, die sich hierbei ergeben, sind dann so gering, daß sie vernachlässigt werden können. Sie betragen höchstens 1 Promille. Liegt die effektive Rendite der Investition aber unter 10%, so sollte sie durch Interpolation zwischen den nächstliegenden vollen Zinsprozenten bestimmt werden. Eine gesonderte Abzinsung des Einnahmenüberschusses jeder einzelnen Periode ist dabei nur in den Fällen notwendig, wo große Unterschiede in diesem Einnahmenüberschuß während der einzelnen Perioden vorausgesehen werden können. Hier muß so gerechnet werden, wie in dem Beispiel 10 b) und f) angegeben. In der Regel ist es aber so, daß sich wesentliche Unterschiede im Einnahmenüberschuß der Investition nur in den ersten fünf Jahren ihrer Lebensdauer sicher voraussehen lassen. Die restliche Lebensdauer der Investition kann in Periodengruppen — beispielsweise von je 5 Jahren — aufgeteilt werden, während derer mit einem durchschnittlichen Einnahmenüberschuß p. a. gerechnet wird. Diese Durchschnittsrechnung ist — mit Ausnahme der Fälle, in denen sich Unterschiede in den einzelnen Perioden deutlich vorhersehen lassen — angesichts der Unsicherheiten, die mit einer Vorausschau über längere Zeiträume verbunden sind, wohl gerechtfertigt. Hierdurch wird die Berechnung der Investitionsrendite wesentlich erleichtert. So werden beispielsweise bei der Investition mit einer Lebensdauer von 20 Jahren anstatt 20 Rechenoperationen nur 8 notwendig: 5 für die individuelle Bestimmung des Barwertes während der ersten 5 Jahre der Lebensdauer, 3 weitere für die restliche Lebensdauer der Investition. Die von uns verwandten Zinstafeln sind entsprechend eingerichtet.

Sind zwei Barwerte des Einnahmenüberschusses ermittelt, welche den Barwert der Investitionsausgaben eingrenzen, so erfolgt die genaue Bestimmung der Investitionsrendite durch einfache Interpolation. Auch diesen Arbeitsgang können wir uns dadurch erleichtern, daß wir grafisch, nicht mathematisch, interpolieren.

BEISPIEL 13: GRAFISCHE INTERPOLATION ZUR ERMITTLUNG DER EFFEKTIVEN RENDITE EINER INVESTITION.

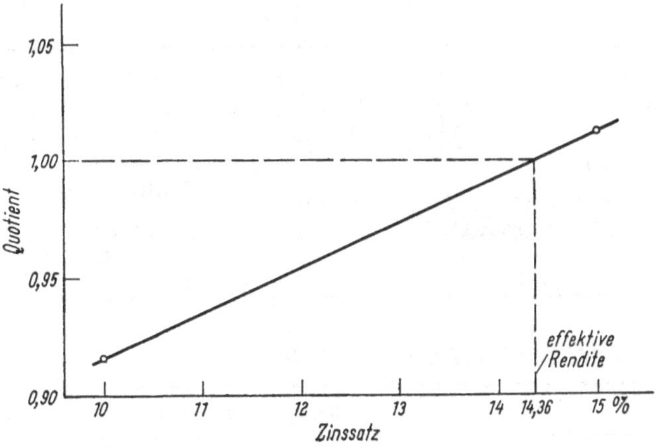

Und schließlich kann die Rechnungstechnik noch weiter durch ein geeignetes Formular erleichtert werden, in dem diese Arbeitsgänge übersichtlich zusammengefaßt werden.
In diesem Arbeitsblatt werden nur die beiden Kalkulationen durchgeführt, die zur endgültigen Bestimmung der Investitionsrendite führen. Da vorher aus einer Arbeitstabelle der ungefähre Renditenbereich abgelesen wird, ist sichergestellt, daß die Zinsfüße, mit denen hier gerechnet wird, schon im ersten Ansatz die tatsächliche Investitionsrendite eingrenzen. Die Zinsfaktoren werden für jede Rechnung aus den Zinstafeln entweder für einzelne Jahre oder Jahresgruppen übernommen. Das Arbeitsblatt enthält ein Zahlenbeispiel zur Verdeutlichung der Arbeitsweise.
Für die Interpolation zur Bestimmung der Rendite der Investition wird in diesem Formblatt auf der Rückseite ein Raster mit Millimetereinteilung verwendet (s. Beispiel 13).

BEISPIEL 14: ARBEITSBLATT FÜR DIE BESTIMMUNG DER INVESTITIONSRENDITE.

(in 1000 DM)

Abteilung: .... Betrieb:	Investitionsausgaben
Projektnr.: .... Kostenstellennr.:	Anlagevermögen .. 2300
Inbetriebnahme:	Umlaufvermögen .. 700
Projektbezeichnung:	Indirekt ....
Investition zur Herstellung von 10 000 Einheiten Verkaufsprodukt X	Abzugsposten ....
	Gesamt 3000
	Einnahmenüberschuß 6840

BARWERT DER INVESTITIONSAUSGABEN

Jahr	Investitionsausgaben		Barwert 9 %	Barwert 8 %
-3 — -2	300	AV	375,84	366,51
-2 — -1	600	AV	687,00	676,68
-1 — 0	900	AV	941,76	936,99
0 — 1	500	AV	478,15	480,50
-1 — 0	400	UV	418,56	416,44
0 — 1	300	UV	286,89	288,30
Gesamt	3000		3188,20	3165,42

BARWERT DER EINNAHMENÜBERSCHÜSSE

Jahr	Einnahmenüberschuß	Barwert 9 %	Barwert 8 %
0— 1	100	95,63	96,10
1— 2	170	148,58	150,82
2— 3	250	199,70	204,73
3— 4	350	255,50	286,62
4— 5	450	300,24	314,06
5—10	420	1.078,35	1.160,25
10—15	400	654,80	740,60
15—20	200	208,80	248,20
20—21	700[1]	110,65	135,82
Gesamt	7.120	3.052,25	3.337,20
Quotient		1,045	0,949
RENDITE DER INVESTITION		8,5 %	

[1] Freisetzung des Umlaufvermögens

RECHNUNGSGRUNDLAGEN

1. Überblick

Nach der Barwertmethode wird die Rendite einer Investition durch die Ermittlung des Zinssatzes bestimmt, bei dem der Barwert des aus der Investition fließenden Einnahmenüberschusses dem Barwert der Investitionsausgaben gleichkommt. Diese Rechnung setzt also voraus, daß wir für die einzelnen Investitionsprojekte über folgende Angaben verfügen:

1. Höhe und zeitliche Verteilung der Investitionsausgaben (Kapitalbasis der Investition)
2. Höhe und zeitliche Verteilung der geldwirksamen Kosten und Erträge der Investition zur Bestimmung des periodischen Einnahmenüberschusses (cash flow)
3. Lebensdauer der Investition.

Im Zusammenhang mit der genauen Bestimmung dieser Daten für das einzelne Investitionsprojekt ergeben sich die unterschiedlichsten Probleme, die richtig nur von einem Team ausgebildeter betriebswirtschaftlicher Spezialisten gelöst werden können. Im Rahmen dieser Ausführungen ist es unmöglich, jeden der in der Praxis möglicherweise auftretenden Sonderfälle zu berücksichtigen. Vielmehr sollen nur die wesentlichen Gesichtspunkte dargelegt werden, von denen wir uns bei der Lösung dieser Probleme leiten lassen wollen. Die praktische Anwendung dieser Grundsätze ist eine Tatfrage, die nur von Fall zu Fall entschieden werden kann.

2. Die Kapitalbasis der Investition

a) Umfang

Zur Kapitalbasis einer Investition gehören alle Ausgaben der Unternehmung, die zur Anschaffung der Investition benötigt werden. Bei Fremdbezug ist der Betrag dieser Ausgaben durch den Anschaffungspreis, bei Selbsterstellung durch die Kosten der Herstellung bestimmt, soweit diese letzteren ausgabewirksam sind. Die Bestimmung dieser Werte bietet im Rahmen der Investitionsrechnung keine besonderen Schwierigkeiten. Lediglich bei der Selbsterstellung einer Investition ist darauf zu achten, daß zu der Kapitalbasis der Investition nur die ausgabewirksamen Anschaffungskosten gezählt werden, nicht aber die Kosten, die, wie verrechnete kalkulatorische Abschreibung oder kalkulatorische Zinsen, nicht zu Ausgaben führen oder aber Bestandteile der Kapitalrendite sind.

Zu der Kapitalbasis der Investition gehören also beispielsweise Ausgaben für

Bauarbeiten
Gleisanlagen
Heizung, Lüftung
Feuerschutz, Isolierung
Maschinen, Apparate, Motoren, Fahrzeuge
Rohrleitungen, Bandstraßen
elektrotechnische Einrichtungen
Einrichtungen der Meß- und Regeltechnik
Werkzeuge, Möbel, andere Einrichtungen
Konstruktionskosten
Zuschlag für Unvorhergesehenes.

Ferner gehört zu jeder Investition das zu ihrer Nutzung erforderliche Umlaufvermögen. Bei jeder Investition sind in wechselndem Umfange Betriebsmittel zu ihrer Nutzung vorzusehen, also Vorräte an Einsatz- und Betriebsstoffen, Vorräte der Endprodukte aus der Investition; bei Investitionen, die Verkaufserzeugnisse herstellen, gehört hierzu auch die erwartete Kapitalbindung in Debitoren. Es ist wichtig bei der Zurechnung des Umlaufvermögens zur Kapitalbasis einer Investition darauf hinzuweisen, daß hier nicht mit Verhältnis- oder Kennzahlen aus Durchschnittsgrößen des Umlaufvermögens gearbeitet werden sollte. Vielmehr muß der hier der Investition zuzurechnende Kapitalteil genauso für das einzelne Investitionsobjekt ermittelt werden wie das Anlagevermögen der Investition. Aus den nachstehenden Beispielen wird die Größenordnung des Umlaufvermögens und damit die Bedeutung einer möglichst genauen Ermittlung desselben ersichtlich. Bei der Berücksichtigung des Umlaufvermögens in der Investitionsrechnung muß ferner darauf geachtet werden, daß in dieser Rechnung der Rückfluß des Umlaufvermögens nach Ablauf der wirtschaftlichen Lebensdauer der Investition zum Ausdruck gebracht wird. Das Umlaufvermögen ist zwar genauso Bestandteil der Kapitalbasis einer Investition wie deren Kapitalausgaben im Anlagevermögen. Es steht aber im Gegensatz zum Anlagevermögen am Ende der Lebensdauer der Investition wieder zur Verfügung, muß zu diesem Zeitpunkt also wieder als Kapitaleinnahme berücksichtigt werden.

Bei der Bestimmung der Kapitalbasis der Investition kann sich die Frage ergeben, wie nicht aktivierungspflichtige Investitionsausgaben in der Investitionsrechnung behandelt werden sollen.

Die Unterscheidung zwischen aktivierungspflichtigen und nicht aktivierungspflichtigen Investitionsausgaben betrifft nur deren buchhalterische Behandlung. Für die Investitionsrechnung ist diese Unterscheidung irrelevant, denn die buchhalterische Behandlung der Investitionsausgaben berührt nicht diese Ausgaben als solche. Die nicht aktivierungspflichtigen Investitionsausgaben werden daher grundsätzlich genauso behandelt wie aktivierungspflichtige. Hierzu ist Voraussetzung, daß diese Kosten projektweise erfaßbar sind, d. h. daß sie für das einzelne Investitionsprojekt mit genügender Genauigkeit ermittelt werden können.

Praktisch ist das wohl nur ausnahmsweise möglich. Wegen ihrer geringen praktischen Bedeutung verzichten wir im folgenden auf die Berücksichtigung dieser Kosten bei der Berechnung der Wirtschaftlichkeit einer Investition.

Zu diesen nicht aktivierungspflichtigen oder aktivierungsfähigen Investitionsausgaben gehören:

Unkosten von Zentralverwaltungsstellen
Unkosten des Rechnungswesens
Gemeinkosten des Konstruktionsbereichs.

b) Zeitlicher Anfall der Investitionsausgaben

Bei der Berechnung der Kapitalbasis der Investition muß der zeitliche Anfall der Kapitalausgaben berücksichtigt werden; es ist also notwendig, alle Kapitalausgaben, die vor der Inbetriebnahme der Investition liegen, auf den Zeitpunkt der Inbetriebnahme aufzuzinsen; alle Kapitalausgaben, die in der Folgezeit notwendig werden, müssen auf den Zeitpunkt der

Inbetriebnahme abgezinst werden. Der Zinsfuß, mit dem gerechnet wird, ist derjenige, bei dem der Barwert der Kapitalausgaben dem des künftigen Einnahmenüberschusses aus der Investition gleichkommt.

c) Berücksichtigung des Buchwertes bei Ersatzinvestitionen

Wenn ein neues Investitionsprojekt eine alte bestehende Anlage ersetzt, so ergibt sich die Frage, inwieweit der — etwa noch vorhandene — Buchwert der alten Anlage bei der Investitionsentscheidung zu berücksichtigen ist. In der Theorie wird in dieser Hinsicht mitunter die These von der bremsenden Wirkung der Restbuchwerte aufgestellt und behauptet, die Unternehmung müsse bei ihrer Investitionsentscheidung berücksichtigen, daß sie bei einem vorzeitigen Ausscheiden der alten Anlage einen Verlust in Höhe des noch nicht abgeschriebenen Restbuchwertes der alten Anlage erleide.

Hiergegen ist folgendes zu sagen:

1. Die periodische Verteilung der Anschaffungskosten, wie sie in der Buchhaltung auf Grund bilanzpolitischer und steuerlicher Überlegungen erfolgt, führt nicht zu realen Werten. Der Buchwert ist eine fiktive Größe, kein wirtschaftlicher Wert. Eine fiktive Größe kann aber nicht in eine Rechnung, die der Kapitaldisposition dient, einbezogen werden.
2. Der Buchwert der alten Anlage muß in jedem Falle — gleichgültig, ob der Anlagenersatz vorgenommen wird oder nicht — buchmäßig getilgt werden. Abgesehen von der andersartigen zeitlichen Verteilung ändert also die Entscheidung über die Ersatzinvestition nichts an der Höhe des buchmäßigen Aufwandes, der von der Unternehmung in ihrem Periodenergebnis getragen werden muß.
3. Die Investitionsrechnung ist eine Rechnung der Kapitaldisposition; daher spielen in ihr grundsätzlich nur Einnahmen und Ausgaben eine Rolle, denn in ihnen kommt Kapitalverwendung und Kapitalaufkommen zum Ausdruck. Die Ausbuchung von Restbuchwerten ändert aber nichts an den Einnahmen und Ausgaben der Unternehmung.
4. Wenn die alte Anlage stillgelegt wird, so geht ihr Wert verloren. Der Wert, der hier verlorengeht, ist aber nicht der Buchwert — der eine fiktive Größe ist — sondern das in ihr noch steckende Vermögen, Einnahmenüberschüsse zu erwirtschaften.
   Für die Entscheidung über die Ersatzinvestition ist aber die Bedingung gegeben, daß die Unternehmung auf die Differenzinvestition zwischen alter und neuer Anlage[1] die Mindestrendite für diesen Anlagenersatz erwirtschaften muß. Der Wert der neuen Investition wird

[1] s. Seite 100 ff.

hier also als Differenzgröße zwischen den Einnahmenüberschüssen der alten und denen der neuen Anlage gebildet. Damit ist aber dem in der alten Anlage noch steckenden wirtschaftlichen Wert Rechnung getragen, soweit dies überhaupt möglich ist. Und wenn die Investitionsrechnung zeigt, daß die Differenzinvestition die Mindestrendite erwirtschaftet, dann heißt das, daß der neue Kapitaleinsatz wirtschaftlich genauso gerechtfertigt ist wie jeder andere Kapitaleinsatz in der Unternehmung.

5. Das Vorhandensein eines noch nicht ausgebuchten Restbuchwertes einer alten Anlage zeigt, daß eine — ex ante vielleicht richtige Investitionsentscheidung über die alte Anlage — inzwischen durch die technische oder wirtschaftliche Entwicklung zu einer Fehlentscheidung geworden ist. An dieser Tatsache kann nichts geändert werden; der Verlust bei der alten Anlage ist bereits entstanden dadurch, daß eine neue, wirtschaftlichere Anlage jetzt verfügbar ist. Wirtschaftliche Werte sind nichts Feststehendes; sie ändern sich ständig durch Veränderung der wirtschaftlich verfügbaren Alternativen.
   Wenn nun aus der Existenz dieses Buchverlustes die Konsequenz gezogen wird, daß der Anlagenersatz nicht vorzunehmen ist, obwohl die Investitionsrechnung zeigt, daß die Differenzinvestition die geforderte Mindestrendite bringt, so wird die Fehlentscheidung bei der alten Anlage auf die Zukunft übertragen. Die Unternehmung erleidet zusätzlich zu dem Verlust, den sie bereits erlitten hat, einen weiteren Verlust, weil sie auf die höhere Wirtschaftlichkeit der neuen Investitionen verzichtet.
6. Für die Investitionsentscheidung, d. h. die Kapitaldisposition, ist die Vergangenheit irrelevant. Maßgeblich ist nur, welche Einnahmen und Ausgaben aus der Kapitaldisposition künftig resultieren werden. Jede Investition und auch die Ersatzinvestition, kann nur an dem gemessen werden, was sie selbst der Unternehmung an Ausgaben kostet und an Einnahmen einbringt. Bei der Ersatzinvestition muß diese Rechnung im Vergleich zu den Einnahmenüberschüssen erfolgen, welche die alte Anlage der Unternehmung noch bringen kann. Auch hier kommt es aber nur auf die durch die Vornahme der Ersatzinvestition in der Unternehmung bewirkten künftigen Einnahmen und Ausgaben an.

Der Buchwert der alten Anlage ist also bei der Investitionsentscheidung nicht zu berücksichtigen. Hingegen ist von den Kapitalausgaben der Neuinvestition ein möglicher Verkaufserlös (Schrottwert) der alten, ersetzten Anlage abzusetzen. Denn diese Einnahmen aus dem Verkauf der alten Anlage sind eine teilweise Kompensation der durch die neue Investition hervorgerufenen Kapitalausgaben. Diese Einnahmen sind bei

BEISPIEL 15: BESTIMMUNG DER KAPITALBASIS (INVESTITIONS-AUSGABEN) EINER INVESTITION.

a) INVESTITION ZUR ERZEUGUNG VON VERKAUFSPRODUKTEN (Lebensdauer 10 Jahre)

QUARTAL vor (-) bzw. nach (+) Inbetriebnahme	-V	-IV	-III	-II	-I	I	II	III	IV	V	VIII	Summe
ANLAGEVERMÖGEN												
Bauarbeiten	—	27 960	36 200	64 910	62 850	5 390	380	—	—	—	—	197 690
Heizung, Lüftung	—	—	—	—	6 100	8 200	8 700	140	—	—	—	23 140
Maschinen, App., Rohre	—	—	28 900	54 800	66 900	16 400	2 300	1100	—	—	—	170 400
Elektrotechn. Einricht.	—	—	—	3 700	9 200	3 200	3 100	900	—	—	—	20 100
Werkzeuge, Möbel, sonst. Einrichtungen	—	—	2 510	2 000	2 200	7 200	3 300	2900	—	—	—	20 110
Konstruktionskosten	17 060	22 100	—	—	—	—	—	—	—	—	—	39 160
Unvorhergesehenes	—	—	—	—	—	2 000	—	2400	—	—	—	4 400
Zwischensumme Anlagevermögen	17 060	50 060	67 610	125 410	147 250	42 390	17 780	7440	—	—	—	475 000
UMLAUFVERMÖGEN												
Rohstoffe für Tage Produktion	—	—	—	—	—	8 500	9 200	—	—	7 500	9 280	34 480
Hilfs- und Betriebsstoffe für Tage Bedarf	—	—	—	—	—	5 200	6 400	—	—	5 800	4 900	22 300
Fertigerzeugnisse für Tage Produktion	—	—	—	—	—	11 200	6 400	—	—	17 800	18 420	53 820
Debitoren für Tage Zahlungsziel	—	—	—	—	—	15 100	23 000	—	—	48 900	57 400	144 400
Zwischensumme Umlaufvermögen	—	—	—	—	—	40 000	45 000	—	—	80 000	90 000	255 000
INDIREKTES VERMÖGEN												
Vorprodukt A	390	1 040	1 820	2 840	4 270	1 610	1 300	780	—	—	—	13 000
Vorprodukt B	1 670	2 130	2 430	2 430	2 150	1 520	1 060	760	—	—	—	15 200
Energiebereich	200	240	250	320	330	180	160	120	—	—	—	1 800
Zwischensumme indirektes Vermögen	2 260	3 410	4 500	5 590	6 750	3 310	2 520	1660	—	—	—	30 000
VERKAUFSERLÖS EINER ALTEN ANLAGE	—	—	—	-16 200	-8 800	—	—	—	—	—	—	-25 000
KAPITALAUSGABEN INSGESAMT	19 320	53 470	72 110	114 800	145 200	85 700	65 300	9100	—	80 000	90 000	735 000

Rückfluß des freigesetzten Umlaufvermögens nach 10 Jahren DM 255 000,—

b) INVESTITION ZUR ERZEUGUNG VON VERKAUFSPRODUKTEN (Lebensdauer 15 Jahre)

QUARTAL vor (-) bzw. nach (+) Inbetriebnahme	-VI	-V	-IV	-III	-II	-I	I	II	III	IV	V	Summe
ANLAGEVERMÖGEN												
Bauarbeiten	—	186 770	205 000	301 500	54 000	13 940	14 500	12 500	8 000	3 000	3 000	802 210
Heizung, Lüftung	—	—	—	—	42 500	32 200	2 520	4 000	200	—	—	81 420
Maschinen, App., Rohre	—	—	121 840	71 000	228 000	201 400	172 600	113 000	59 320	42 000	32 500	1 041 660
Elektrotechn. Einricht.	—	—	—	—	33 400	20 200	25 360	24 600	18 500	19 200	12 000	153 260
Werkzeuge, Möbel, sonst. Einrichtungen	—	—	—	1 130	15 730	59 100	17 580	8 420	33 210	29 180	22 430	186 780
Konstruktionskosten	69 440	—	—	—	—	—	—	—	—	—	—	69 440
Unvorhergesehenes	2 400	4 800	8 400	9 500	9 500	8 400	6 900	5 100	2 900	2 400	1 970	62 270
Zwischensumme Anlagevermögen	71 840	191 570	335 240	383 130	383 130	335 240	239 460	167 620	122 130	95 780	71 900	2 397 040
UMLAUFVERMÖGEN												
Rohstoffe für Tage Produktion	—	—	—	—	—	9 200	50 500	40 800	30 600	14 400	5 200	150 700
Hilfs- und Betriebsstoffe für Tage Bedarf	—	—	—	—	—	2 000	4 000	3 600	3 100	2 500	2 100	17 300
Fertigerzeugnisse für Tage Produktion	—	—	—	—	—	—	132 000	128 000	110 000	85 000	55 000	510 000
Debitoren für Tage Zahlungsziel	—	—	—	—	—	—	212 000	221 700	240 000	232 000	230 000	1 135 700
Zwischensumme Umlaufvermögen	—	—	—	—	—	11 200	398 500	394 100	383 700	333 900	292 300	1 813 700
VERKAUFSERLÖS EINER ALTEN ANLAGE	—	—	—	- 2 300	- 6 300	- 7 100	- 9 500	- 13 400	—	—	—	- 38 600
KAPITALAUSGABEN INSGESAMT	71 840	191 570	335 240	380 830	376 830	339 340	628 460	548 320	505 830	429 680	364 200	4 172 140

Rückfluß des festgesetzten Umlaufvermögens nach 15 Jahren DM 1 813 700,—

der Berechnung der Kapitalbasis der neuen Investition in dem Zeitpunkte zu berücksichtigen, in dem sie erwartet werden. Dieser Zeitpunkt kann vor, aber auch nach der Inbetriebnahme der neuen Anlage liegen. Fällt der Verkaufserlös vor der Inbetriebnahme der neuen Investition an, so wird er von den Investitionsausgaben der betreffenden Periode abgezogen; fällt er in einen Zeitraum nach Inbetriebnahme der neuen Investition, so wird er auf den Zeitpunkt der Inbetriebnahme diskontiert und von der Kapitalbasis der neuen Investition abgezogen.

d) Berücksichtigung indirekter Kapitalausgaben

Jedes Investitionsprojekt geht mit seiner Inbetriebnahme in den betrieblichen Leistungsverbund ein. Zum wirtschaftlichen Betrieb einer Anlage sind eine Fülle betrieblicher Leistungen notwendig. Der Umstand, daß diese Leistungen in der betrieblichen Verbundwirtschaft anfallen, daß hier eine Leistungsbereitschaft besteht, die von den neuen Investitionen mit in Anspruch genommen werden kann, hat einen erheblichen Einfluß auf die Wirtschaftlichkeit der neuen Anlage. Im Verbund wird wirtschaftlicher investiert: die Investition „auf der grünen Wiese" ist nicht nur riskanter und schwieriger, sie ist auch oft teurer als die Investition in der eigenen Unternehmung. Beispiele für diese zusätzlichen betrieblichen Leistungen, die zum wirtschaftlichen Betrieb einer neuen Anlage notwendig sind und von der neuen Anlage dem vorhandenen Leistungspotential der Unternehmung entnommen werden können, sind:

1. Verwaltungsleistungen aller Art, die beispielsweise im Rechnungswesen oder der Personalabteilung durch die Errichtung und Inbetriebnahme der neuen Anlage anfallen. Hierzu gehören ferner Leistungen der Unternehmung durch Anschluß der Anlage an das werkseigene Nachrichtennetz, den FS- und Telefondienst; die Einbeziehung der Anlage in die werkseigene Anlagensicherung und Anlagenüberwachung.
2. Transportleistungen der Unternehmung für den innerbetrieblichen Transport von Material und Erzeugnissen von und zu der Anlage; außerbetriebliche Transportleistungen, falls die Anlage Verkaufsprodukte herstellt und diese Verkaufsprodukte von der eigenen Verkehrsabteilung zum Abnehmer transportiert werden.
3. Lagerleistungen für Roh-, Hilfs- und Betriebsstoffe sowie Endprodukte.
4. Energieleistungen, sei es unmittelbar für den Produktionsprozeß, sei es für die Klimatisierung und Beleuchtung der Anlage.
5. Reparaturleistungen, soweit sie im Unternehmen selbst erstellt werden.
6. Zulieferleistungen zum Produktionsprozeß, also Zulieferungen von Vorprodukten, selbst erstellten Rohstoffen, halbfertigen Erzeugnissen.

Um eine neue Anlage wirtschaftlich zu nutzen, sind so eine Fülle von Leistungen der Unternehmung erforderlich. Ein vollständiger Überblick über diese Leistungen läßt sich leicht gewinnen, wenn der Katalog der abgeleiteten Kostenarten betrachtet wird, welche die Kostenstelle, innerhalb derer die Anlage errichtet wird, verbraucht oder welche in die Kalkulation der von der Anlage erstellten Leistung eingehen. Überall dort, wo abgeleitete Kosten in der Unternehmung verbraucht werden, wird aber auch Kapital eingesetzt, das zur Erstellung dieser — in den abgeleiteten Kosten zum Ausdruck kommenden — innerbetrieblichen Leistung notwendig ist.

Um ein ganz vollständiges Bild des Kapitalaufwandes zu gewinnen, der beispielsweise mit der Erzeugung eines Verkaufsproduktes verbunden ist, müßte daher zu den Investitionsausgaben der Anlage, welche dieses Produkt herstellt, der Kapitalwert derjenigen Anlagen hinzugeschlagen werden, in denen in der Unternehmung zusätzliche Leistungen zur Erzeugung dieses Produktes erstellt werden.

Das würde bedeuten, daß wir in der Investitionsrechnung das gesamte in der Unternehmung gebundene Kapital durch alle Produktionsstufen und aus allen Verwaltungs- und Hilfsbereichen auf die Investitionsprojekte wälzen, welche Verkaufsprodukte herstellen — also hier auf der Kapitalseite genauso vorgehen wie in der Kostenrechnung, in der gleichfalls alle ursprünglichen Kostenarten über eine Vielzahl von Leistungsstufen (abgeleitete Kostenarten) auf das Endprodukt transformiert werden.

In einer ex-post-Betrachtung ist diese Art der Kapitalzurechnung auf das Endprodukt zweifellos notwendig: für einen Produzenten ist immer die Kapitalrendite des einzelnen Produktes ein wesentlicher Gesichtspunkt für die Beurteilung seiner Produkte, und diese Kapitalrendite können wir nur dann kennen, wenn wir wissen, wieviel Kapital in der gesamten Unternehmung zur Erzeugung eines bestimmten Produktes eingesetzt wird.

Die Investitionsrechnung, die eine ex-ante-Rechnung ist, kann aber nicht von einer derartigen kalkulatorischen Kapitalzurechnung ausgehen, in der Kapitalwerte bereits vorhandener Kapazitäten auf das neue Investitionsprojekt nach dessen Inanspruchnahme innerbetrieblicher Leistungen (abgeleitete Kostenarten) zugerechnet werden. Denn für die Beurteilung des neuen Investitionsprojektes kommt es ausschließlich darauf an, welche Einnahmen und Ausgaben in der Unternehmung durch dieses neue Investitionsvorhaben ausgelöst werden. Nur das, was die Unternehmung an Kapital neu ausgibt und was sie als Einnahmenüberschuß durch diese Kapitalausgaben neu gewinnt, ist maßgebend für den Wert der neuen Investition und damit für die Investitionsentscheidung. Das in der Unternehmung in ihren verschiedenen Teilbereichen bereits vorhandene Kapital kann für die Kapitalbasis der neuen Investition nicht mitbestimmend sein — und zwar auch dann nicht, wenn die neue Investition Leistungen aus dieser Kapitalbasis in Anspruch nimmt — denn dieses bereits gebundene Kapital ist von der Neuinvestition nicht unmittelbar verursacht worden; an dem Bestand dieses Kapitals wird durch die neue Investition nichts geändert. Maßgeblich für die neue Investition können aber nur die Kapitalausgaben und -einnahmen sein, die unmittelbar durch sie ausgelöst werden.

Dieser Grundsatz ist der leitende Gesichtspunkt bei der Bestimmung der Kapitalbasis von Investitionen in der Verbundwirtschaft. Er ist eindeutig; bei seiner Anwendung läßt sich die Kapitalbasis jeder Neuinvestition leicht bestimmen, und er vermeidet die vielen Probleme, die sich bei einer kalkulatorischen Zurechnung von bereits vorhandenen Kapitalwerten ergeben. Dieser Grundsatz gilt auch für die Zurechnung künftiger Kapitalausgaben, nicht nur für die Zurechnung von Kapital, das bereits in der Unternehmung gebunden ist. Die Investition in der Verbundwirtschaft wirft stets die Frage auf, wie der mit der Genehmigung einer Investition in anderen Betriebsbereichen ausgelöste Kapitalbedarf bei der Entscheidung über diese Investition berücksichtigt werden soll. Diese, durch die neue Investition induzierten Kapitalausgaben in anderen Betriebsbereichen müssen ganz oder anteilig der Kapitalbasis der neuen Investition zugeschlagen werden, vorausgesetzt daß:

1. diese Kapitalausgaben in einem unmittelbaren, direkten Zusammenhang zu der neuen Investition stehen,
2. diese Kapitalausgaben nach Höhe, zeitlichem Anfall und Projekt genau spezifiziert werden können.

Im einzelnen ist zur Berücksichtigung indirekter Kapitalausgaben bei der Bestimmung der Kapitalbasis einer Investition folgendes zu sagen:

(1) *Berücksichtigung von Investitionen im Verwaltungssektor und anderen Hilfsbereichen der Unternehmung*

Mit jeder Investition zur Erzeugung von betrieblichen Leistungen wächst die Anforderung an die Kapazität des in der Verwaltung, dem Transportsektor, dem Reparatursektor eingesetzten Kapitals der Unternehmung. Früher oder später muß hier die Kapazität und der Kapitaleinsatz erweitert werden, wenn der betriebsnotwendige Bedarf an diesen Leistungen gedeckt werden soll.

Dieser indirekte Kapitalzusammenhang wird in der Kapitalbasis der neuen Investition nicht berücksichtigt, weil hier kein unmittelbarer Zusammenhang zwischen der Investition im produktiven Sektor der Fabrik und den Kapitalausgaben in diesen Hilfssektoren besteht. Sowohl Größenordnung als auch zeitlicher Anfall dieser Kapitalausgaben ist daher für das einzelne Investitionsobjekt in der Produktion nicht bestimmbar. Hinzu kommt, daß dieser Zusammenhang nicht in zwingender Proportion gegeben ist; es besteht die Möglichkeit, durch Änderungen in Produktions- und Arbeitsweise wie auch durch die Investitionspolitik der Unternehmung das Verhältnis dieser Investitionen im Hilfs- und Verwaltungsbereich zu denen im produktiven Sektor der Unternehmung zu beeinflussen. Um diese Möglichkeit zur wirtschaftlichen Lenkung des betrieblichen Kapitaleinsatzes nicht zu verlieren, müssen wir darauf bestehen, daß sich jedes Investitionsobjekt für sich alleine — und nicht als zugerechneter Teil eines anderen Investitionsobjektes — rechtfertigt.

Selbst wenn es also möglich wäre, einen verläßlichen Maßstab zu entwickeln, der anzeigen würde, in welchem Verhältnis beispielsweise Kapital im Reparatursektor und im Produktionssektor zueinander stünde, so wäre das doch immer noch kein zwingender Zusammenhang, der uns berechtigen würde, jeder neuen Investition im Produktionssektor ein anteiliges Reparaturkapital zuzurechnen. Denn hierdurch würde mit der Investitionsentscheidung über diese Investition vorausgesetzt werden, daß die Investitionsentscheidung über die Investition im Reparatursektor bereits in dieser Weise erfolgt ist; und das zu einem Zeitpunkt, bei dem überhaupt nicht beurteilt werden kann, ob eine derartige Entscheidung im Reparatursektor richtig ist. So könnte es beispielsweise sein, daß eine intensitätsmäßige Anpassung oder Fremdreparatur der Anlage wirtschaftlicher wäre. Durch eine Zurechnung anteiliger Kapitalwerte für diese Hilfs- und Verwaltungsleistungen wird die Investitionsentscheidung in diesen Sektoren impliziert, ohne daß — unter diesem Gesichtspunkt — die Wirtschaftlichkeit dieser Entscheidung geprüft werden kann. Gerade in diesen Hilfs- und Verwaltungssektoren ist eine genaue Investitionsrechnung und Prüfung der verschiedenen Alternativen jedes einzelnen Investitionsprojekts besonders wichtig. Und deswegen müssen wir den Grundsatz vertreten, daß sich jedes Investitionsobjekt selbst auf der Grundlage eines Vergleiches der Alternativen, zu denen es in Konkurrenz steht, rechtfertigen soll, also nicht die Entscheidung über das einzelne Investitionsprojekt in diesen Bereichen durch eine Zurechnung anteiliger Kapitalwerte auf produktive Investitionen vorweggenommen werden kann.

Eine Ausnahme hiervon sollte nur dort gemacht werden, wo ein unmittelbarer Zusammenhang zwischen der Investition im produktiven Sektor der Unternehmung und der Investition in diesen Hilfs- und Verwaltungsbereichen gegeben ist; wenn also beispielsweise bei einer neuen Investition ein hierzu dienendes Verwaltungsgebäude oder Reparaturwerkstatt neu errichtet werden muß oder der Fuhrpark der Unternehmung für diese Investition erweitert werden muß, so sind die diesbezüglichen Kapitalausgaben der Investition zuzuschlagen. Diese Behandlung der

Kapitalausgaben steht im Einklang mit dem oben aufgestellten Grundsatz, daß alle der Neuinvestition unmittelbar zuzurechnenden Investitionsausgaben in der Kapitalbasis der neuen Investition erfaßt werden müssen. In großen Unternehmen wird es wohl nur selten vorkommen, daß ein so direkter Zusammenhang zwischen einer produktiven Investition und einer Investition im Hilfs- und Verwaltungsbereich gegeben ist, daß beide Investitionen als eine wirtschaftliche Einheit aufgefaßt werden können; wohl aber mag das in kleinen und mittleren Unternehmen der Fall sein. Hier zeigt sich von der Investitionsseite her gesehen der Vorteil, den ein Großbetrieb als Folge seiner Verbundwirtschaft gegenüber kleinen und mittleren Unternehmen genießt.

(2) *Berücksichtigung von Investitionen im Produktionssektor*
Vorleistungen anderer Investitionen, welche die neue Investition zu ihrer Produktion benötigt, stehen oft mit der Neuinvestition in einem unmittelbaren Zusammenhang. Hierdurch unterscheidet sich die Beziehung dieser Investitionen wesentlich von der vorstehend behandelten Investition im Hilfs- und Verwaltungsbereich. Hierzu gehören beispielsweise in der chemischen Industrie Investitionen, die der Erzeugung von Vorprodukten oder Energie für den Produktionsprozeß der neuen Investition dienen. Die Erzeugung dieser Vorprodukte erfordert Kapital, dessen Wert der Kapitalbasis der neuen Investition nach folgenden Grundsätzen zugerechnet werden sollte:

SCHEMATISCHE DARSTELLUNG DER LEISTUNGSVERFLECHTUNG VON INVESTITIONEN

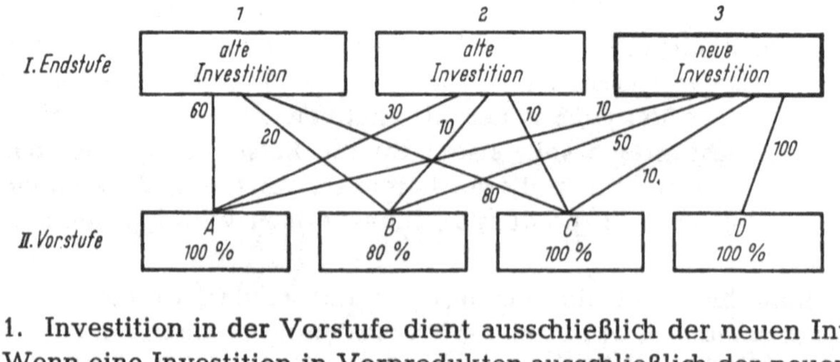

1. Investition in der Vorstufe dient ausschließlich der neuen Investition. Wenn eine Investition in Vorprodukten ausschließlich der neuen Investition dient und für diese gebaut wird oder wurde (Fall D), so ist dieser Kapitaleinsatz in der Vorstufe der neuen Investition voll zuzurechnen. Beide Investitionen werden also als eine Einheit aufgefaßt, da die Kapitalausgaben in der Vorstufe ursächlich mit dem neuen Investitionsvorhaben zusammenhängen.

Wenn die Investition in der Vorstufe ausschließlich der Erzeugung von Vorprodukten für die Produktion der neuen Investition dient, aber nicht für diese Investition gebaut wurde — beispielsweise eine alte Kapazität, die nicht genutzt wurde, aber für die neue Investition eingesetzt werden kann, oder eine Fehlinvestition, die so einen neuen Verwendungszweck erhält —, so kann dieser Kapitalwert der Vorstufe der neuen Investition nicht zugerechnet werden. Denn die Unternehmung könnte diese Kapitalausgaben durch Verzicht auf die neue Investition nicht sparen. Besitzt die alte Anlage einen Schrottwert, auf dessen Erlös die Unternehmung durch Nutzung der alten Anlage verzichtet, so muß dieser Schrottwert der Kapitalbasis der neuen Investition zu dem Zeitpunkt zugerechnet werden, zu dem er anderenfalls hätte erlöst werden können.

2. Zu verteilender Kapitalwert

Zu verteilender Kapitalwert der Vorstufe ist der volle Betrag der historischen Investitionsausgaben, also nicht ein Buchrestwert. Findet der Ausbau der Vorstufe zu einem Zeitpunkt statt, der nach Inbetriebnahme der neuen Investition liegt — weil zusammen mit der neuen Investition aus technischen Gründen in der Vorstufe noch nicht ausgebaut werden konnte oder in der ersten Zeit in der Produktion bei kleineren Produktionsmengen der Fremdbezug wirtschaftlicher war —, so tritt an die Stelle der historischen Investitionsausgaben die Schätzung der künftig erwarteten Investitionsausgaben in der Vorstufe, die entsprechend auf die Gegenwart diskontiert werden müssen.

3. Investition in der Vorstufe dient teilweise der neuen Investition I

Wenn eine neue Investition Vorprodukte einer alten Investition mit in Anspruch nimmt, bei deren Errichtung die beabsichtigte Leistungsabgabe an die neue Investition maßgeblich für die Investitionsentscheidung war, so muß das Kapital, das in dieser alten Investition investiert ist, auf die neue Investition anteilig mitverteilt werden. Denn hier steht die Kapitalausgabe in der Vorstufe, auch wenn sie zeitlich vor der neuen Investition erfolgte, mit der neuen Investition in einem ursächlichen Zusammenhang. Wäre die neue Investition nicht erfolgt, so hätte die Unternehmung in der Vorstufe der Produktion geringere Kapitalausgaben gehabt. Daher müssen diese vermehrten Kapitalausgaben der neuen Investition zugerechnet werden[1].

[1] Hieraus ergibt sich, daß der neuen Investition theoretisch nur die Differenz des Kapitalwertes einer Investition in der Vorstufe:

Kapitalwert einer Investition ausgelegt mit der Berücksichtiung der Leistungsanforderung der neuen Investition

./. Kapitalwert einer Investition ausgelegt ohne Berücksichtigung der Leistungsanforderung der neuen Investition

zugerechnet werden dürfte.

Bei dieser Rechnung würde aber die neue Anlage gegenüber der alten begünstigt werden, weil

Voraussetzung für diese Zurechnung ist das Bestehen einer strengen Kausalität zwischen neuer Investition und Erweiterung in der Vorstufe; dieser Zusammenhang zwischen zwei Investitionsprojekten muß unmittelbar nach Größenordnung und Projekt direkt bestimmbar sein, d. h. wirtschaftlich müssen beide Investitionen ganz oder teilweise eine Einheit bilden.

Die Verteilung des Kapitalwertes der Investition in der Vorstufe auf verschiedene Investitionen der Folgestufe erfolgt auf der Basis der voraussichtlichen Leistungsabgabe der Vorstufe; also nicht unbedingt auf der Basis ihrer Vollauslastung.

BEISPIEL 16: BERÜCKSICHTIGUNG DES INDIREKTEN KAPITALEINSATZES IN VORPRODUKTEN

Vorstufe (Investition B[1])	
Kosten der Investition	DM 100 000,—
optimale Ausnutzung	100 000 Einheiten
Kapitalwert je Einheit	DM 1,—
mögliche Ausnutzung	80 000 Einheiten
Kapitalwert je Einheit	DM 1,25
Verteilung des Kapitalwertes:	
Alte Investition 1	
Abnahme	20 000 Einheiten
Kapitalwert	DM 25 000,—
Alte Investition 2	
Abnahme	10 000 Einheiten
Kapitalwert	DM 12 500,—
Neue Investition 3	
Abnahme	50 000 Einheiten
Kapitalwert	DM 62 500,—

Verteilter Kapitalwert insgesamt: DM 100 000,—

der Kapitalwert der Differenzinvestition, bezogen auf die von dieser erstellten Leistung in der Regel wesentlich niedrigei ist als der Kapitalwert je Leistungseinheit der auf die kleinere Leistungsmenge ausgelegten Anlage. Eine große Anlage kostet zwar mehr als eine kleine, aber nicht im Verhältnis zum Leistungszuwachs. Eine große Anlage arbeitet in der Regel auch wirtschaftlicher als eine kleinere, d. h. die zusätzliche Leistung wird mit Grenzkosten erstellt, die unter den durchschnittlichen Kosten der kleineren Anlage liegen. Wenn Kapitalwert und Kostenwert streng unter Beachtung dieser marginalen Werte verteilt würden, so würde hierbei übersehen, daß die neue Investition in der Endstufe nur deswegen in den Genuß dieser Vorteile kommen kann, weil andere schon bestehende Investitionen der Endstufe die Grundlast der Vorstufe tragen. Das ist richtig, wenn bei der Planung der Vorstufe noch nicht mit der neuen Investition gerechnet wurde, aber falsch dann, wenn die Vorstufe so weit ausgelegt wurde, weil auch die neue Investition berücksichtigt wurde. Dann ist es nicht mehr möglich, diesen durch die Größendegression bewirkten Vorteil nur der neuen Investition zuzurechnen; vielmehr müssen die Investitionen in der Endstufe gleich behandelt werden. Daher wird hier eine Verteilung der Kapitalwerte der Investition in der Vorstufe nach der Leistungsinanspruchnahme vorgeschlagen.

1 s. grafische Darstellung auf Seite 58.

Von dieser Regel der Verteilung des Kapitalwertes der Vorstufe auf der Basis der möglichen Ausnutzung kann nur dann abgegangen werden, wenn bei der Investition in der Vorstufe damit gerechnet wird, daß durch neue Investitionen in der Folgestufe eine verstärkte Leistungsnachfrage auftritt. Dann wird das in der Vorstufe gebundene Kapital auf der Basis einer vollen Auslastung der Vorstufe auf die Folgestufen verteilt und bei den neuen Investitionen dieser Folgestufen in der Kapitalbasis anteilig mit berücksichtigt.

4. Investition in der Vorstufe dient teilweise der neuen Investition II

Wenn eine neue Investition Vorprodukte einer alten Investition in Anspruch nimmt, bei deren Errichtung die beabsichtigte Leistungsabgabe an die neue Investition nicht maßgeblich für die Investitionsentscheidung war, so wird das hier gebundene Kapital bei der Bestimmung der Kapitalbasis der neuen Investition nicht berücksichtigt. Es besteht kein ursächlicher Zusammenhang zwischen der Investition in der Vorstufe und der neuen Investition in der Folgestufe. Wenn also die neue Investition aus dem Leistungsverbund der Unternehmung Leistungen erhält, zu deren Erstellung Kapital eingesetzt wird, so kann ihr dieses Kapital trotzdem nicht zugerechnet werden, weil die Entscheidung über die neue Investition die Höhe des hier bereits gebundenen Kapitals nicht beeinflußt. Nur diejenigen Investitionsausgaben, die durch die neue Investition ausgelöst werden, können bei der Ermittlung ihrer Kapitalbasis mit in die Rechnung einbezogen werden.

Zusammenfassend können zur Berücksichtigung indirekter Kapitalausgaben bei einer neuen Investition folgende Grundsätze aufgestellt werden:

1. In der Unternehmung bereits investierte Kapitalwerte können auf die neuen Investitionen nur insoweit zugerechnet werden, als diese bereits erfolgten Investitionen im Hinblick auf die neue Investition vorgenommen wurden.
2. Kapitalausgaben, die von der neuen Investition in anderen Betriebsbereichen künftig induziert werden, sind der Kapitalbasis der neuen Investition, diskontiert auf den Zeitpunkt ihrer Inbetriebnahme, zuzurechnen.
3. Voraussetzung für diese Zurechnung ist eine unmittelbare Kausalität der neuen Investition für die durch sie in anderen Betriebsbereichen induzierten Investitionsausgaben; eine Ableitung dieser Kausalität aus Kennziffern für die vermögensmäßige Entwicklung der Unternehmung in einzelnen Unternehmensbereichen genügt nicht. Vielmehr ist Voraussetzung für die Zurechnung indirekter Kapitalausgaben auf neue Investitionen, daß dieser Zusammenhang zwischen

den beiden Investitionsprojekten nach Größenordnung, Projekt und zeitlichem Anfall genau spezifizierbar ist.

Bei dieser Handhabung der Zurechnung indirekter Kapitalausgaben in der Investitionsrechnung wird es sich nicht vermeiden lassen, daß es im Gesamtrahmen der betrieblichen Investitionen neben solchen, die ihre Rechtfertigung aus Ertragsmehrung oder Kostenminderung herleiten können, auch eine Reihe von Investitionen in Hilfs- und Verwaltungsbereichen gibt, für die es keine andere Rechtfertigung gibt, als ihre Notwendigkeit im betrieblichen Leistungsverbund. Durch die Investitionsrechnung kann hier nur festgestellt werden, ob diese Investitionen in der wirtschaftlichsten Weise vorgenommen werden; es fehlt aber ein quantifizierbarer wirtschaftlicher Nutzen für die Unternehmung. Hier das rechte Gleichgewicht zwischen den Investitionen der ersten und der letzteren Kategorie zu halten, ist ein Problem, das im Rahmen der Investitionslenkung gelöst werden muß.

e) Berücksichtigung einer Veränderung der Kapitalbasis durch Erweiterungen während der Lebensdauer der Investition

Eine Berücksichtigung der künftigen Erweiterung der Kapitalbasis einer Investition, beispielsweise durch Zusatzinvestitionen oder Großreparaturen, erfolgt dadurch, daß zu dem Zeitpunkt, zu dem diese Kapitalausgaben erwartet werden, die Kapitalbasis in der Investitionsrechnung vermehrt wird. Die Kapitalbasis der Investition wächst dann um den Barwert dieser künftigen Kapitalausgaben. Alle Investitionsausgaben, die nicht aktiviert werden, werden als Aufwand gegen den Einnahmenüberschuß der betreffenden Periode aufgerechnet, also auf diese Weise in der Investitionsrechnung berücksichtigt.

BEISPIEL 17: ARBEITSBLATT ZUR BESTIMMUNG DER KAPITALBASIS EINER INVESTITION

INVESTI

Abteilung:	Betrieb:
Projektnummer:	Kostenstellennummer:
Projektbezeichnung:	Inbetriebnahme:

Quartal	- V	- IV	- III
			Vor In
ANLAGEVERMÖGEN			
A Bauarbeiten, Gleisanlagen, Isolierung, Anstrich			
B Heizung, Lüftung, Installation, Feuerschutz			
C Maschinen, Apparate, Motoren, Fahrzeuge			
D Rohrleitungen innerhalb der Betriebe			
E Rohrleitungen außerhalb der Betriebe			
F Elektrotechnische Einrichtungen			
G Meß- und Regeleinrichtungen			
H Möbel, Werkzeuge, Sonstiges			
I Konstruktionskosten			
K Unvorhergesehenes			
Gesamt			
UMLAUFVERMÖGEN			
Vorprodukte für Tage Produktion			
Zwischenprodukte für Tage Bedarf			
Enderzeugnisse für Tage Produktion			
Debitoren für Tage Zahlungsziel			
Sonstiges			
Gesamt			
VERKAUFSERLÖS EINER ALTEN ANLAGE			
INDIREKTER KAPITALEINSATZ			
aus Projektnummer: .... Vorprodukt A			
aus Projektnummer: .... Vorprodukt B			
aus Projektnummer: .... Kesselwagen			
aus Projektnummer: .... Kwh-Energie			
Gesamt			
INVESTITIONSAUSGABEN			

SGABEN (in 1.000 DM)

	Investitionsausgaben direkt: indirekt: gesamt:					
II ne	-I	I	II Nach Inbetriebnahme	III	IV	V

3. Kosten und Erträge

a) Einleitung

Der Ansatz von Kosten und Erträgen erfolgt in der Investitionsrechnung grundsätzlich nach denselben Regeln, wie sie üblicherweise in der Betriebsabrechnung angewandt werden; es ergeben sich hier also keine besonderen Probleme. Im Gegensatz zu der Ist-Rechnung der Unternehmung: also der Betriebsabrechnung und der Nachkalkulation, müssen nur vier Besonderheiten der Investitionsrechnung stets beachtet werden, durch welche sich diese von der Ist-Rechnung unterscheidet:

1. In der Investitionsrechnung werden nur künftige Kosten und Erträge erfaßt; gegenwärtige Kosten und Erträge sind für sie ohne Bedeutung. Es muß also in der Investitionsrechnung stets folgendes zum Ausdruck kommen:

   Die künftige Preisentwicklung im Absatzmarkt der Unternehmung; eine Investitionsrechnung, welche einen wahrscheinlichen Erlösverfall nicht berücksichtigt, kann nicht zu richtigen Ergebnissen führen.

   Die Preistendenzen, welche die Kostenfaktoren der Unternehmung beherrschen, also der steigende Trend der Personalkosten, die Preistendenzen auf den internationalen Rohstoffmärkten usw. Es ist in der Investitionsrechnung also nicht zulässig, Kosten mit Gegenwartspreisen zu bewerten.

   Die Rationalisierungsleistung der Unternehmung in der Zukunft. Bei jeder Investition sollten wir kritisch prüfen, ob nicht eine Verfahrensverbesserung wahrscheinlich ist, die zu einer Verbesserung des Verhältnisses von Fertigungsaufwand zu Fertigungsleistung oder von Produktionseinsatz zu Produktionsausbeute führen wird. Gegebenenfalls muß eine solche Rationalisierung berücksichtigt werden, da wir sonst unsere Investitionen zu schlecht beurteilen und möglicherweise auf gerechtfertigten Kapitaleinsatz verzichten würden. Die Erfahrung der industriellen Produktionstechnik zeigt, daß immer wieder erhebliche Rationalisierungsmöglichkeiten gegeben sind. Daher wäre es falsch, diesen Umstand in der Investitionsrechnung zu vernachlässigen.

2. In der Investitionsrechnung werden nur geldwirksame Kosten und Erträge erfaßt. Kalkulatorische Kosten und Erträge, denen keine Einnahmen und Ausgaben gegenüberstehen, haben in der Investitionsrechnung nichts zu suchen. Einer Verrechnung kalkulatorischer Kosten

in der Betriebsabrechnung kann die Investitionsrechnung daher nur insoweit folgen, als diese Kosten entweder auf effektiven Geldausgaben beruhen oder zu effektiven Geldausgaben führen.
Kalkulatorische Abschreibungen werden in die Investitionsrechnung nicht übernommen, denn in der vorgeschlagenen Form der Investitionsrechnung berechnen wir den Wert des Überschusses der Einnahmen über den Wert der Kapitalausgaben der Investition, haben also in diesem Ansatz die Wiedergewinnung der Kapitalausgaben der Investition bereits berücksichtigt. Die Aufteilung des Einnahmenüberschusses einer Investition in Gewinn und Abschreibung ist eine Fiktion, die nur die Buchhaltung braucht, um einen Periodengewinn zu ermitteln; in der Investitionsrechnung, die auf die Feststellung der effektiven Rendite der Investition während ihrer gesamten Lebensdauer abzielt, ist diese Fiktion überflüssig. Wenn wir uns also in der Investitionsrechnung soweit als möglich an die Betriebsabrechnung anschließen, in welcher kalkulatorische Abschreibungen enthalten sind, so darf nicht vergessen werden, in der Investitionsrechnung diese Kosten entweder zu eliminieren oder das Ergebnis der Investitionsrechnung entsprechend zu berichtigen.

3. Wenn in der Kostenrechnung Aufwendungen verrechnet werden, die Bestandteile der Kapitalrendite der Unternehmung sind, so müssen diese Aufwendungen aus der Investitionsrechnung eliminiert werden. Denn die Investitionsrechnung zielt auf die Ermittlung der Kapitalrendite einer Investition ab; sie darf daher auf der Aufwandseite keine Positionen enthalten, in denen Bestandteile dieser Kapitalrendite berechnet werden. Dieser Grundsatz ist dann anzuwenden, wenn in der Betriebsabrechnung kalkulatorische Zinsen auf Kostenstellen und Kostenträger verrechnet werden.
4. Wie bei der Behandlung der indirekten Kapitalausgaben gilt auch für die Berechnung von Kosten und Erträgen der Grundsatz, daß maßgeblich für die Beurteilung eines Investitionsprojektes nur diejenigen Ausgaben und Einnahmen sind, die durch dieses Projekt hervorgerufen werden. Kosten, welche der Unternehmung auch ohne die neue Investition entstehen würden, Erträge, die ihr auch ohne diese Investition zuflössen, können nicht den Wert der neuen Investition beeinflussen; das können nur diejenigen Kosten, welche die Unternehmung durch Verzicht auf die neue Investition sparen, und die Erträge, die ihr durch Verzicht auf diese Investition entgehen würden.

b) Herstellkosten

Herstellkosten sind für alle Investitionen vorauszuschätzen, die eine Produktionsleistung bringen. Die Herstellkosten stehen in unmittelbarer

Abhängigkeit zu dem Betriebsprozeß und dem voraussichtlichen Beschäftigungsgrad der neuen Anlage. Diese Kosten werden daher entweder in Abhängigkeit zu dem voraussichtlichen Beschäftigungsgrad der Anlage oder — sofern es sich um beschäftigungsunabhängige Kosten handelt — pro rata temporis berücksichtigt. Ausgangspunkt der Kostenschätzung ist die betriebliche Erfahrung mit Anlagen und Produktionsprozessen gleicher oder ähnlicher Art; hieraus — gegebenenfalls auch unter Berücksichtigung der in Versuchsbetrieben gewonnenen Erfahrungen — können Kostensätze für den Betrieb der Anlage vorausgeschätzt werden.

Die Erfassung dieser Kosten erfolgt zweckmäßigerweise wie die Vorkalkulation und Nachkalkulation der von der Anlage erstellten Leistung. Auf diese Weise ist sichergestellt, daß in der Investitionsrechnung, in der Vorkalkulation der produzierten Leistung und ihrer Nachkalkulation formal und inhaltlich in derselben Weise vorgegangen wird. Im Unterschied zu der Herstellkostenkalkulation in der Vorkalkulation oder Nachkalkulation werden Kosten in der Investitionsrechnung jedoch nur insoweit berücksichtigt, als sie ausgabewirksam sind. Daher muß die Berechnung der Herstellkosten für die Zwecke der Investitionsrechnung entsprechend berichtigt werden. Durch diese Berichtigungen werden die in den Herstellkosten unmittelbar verrechneten oder in abgeleiteten Kostenarten steckende Anteile von kalkulatorischen Abschreibungen und Zinsen wieder aus den Herstellkosten herausgerechnet; es ergeben sich dann die ausgabewirksamen Herstellkosten, die für die Investitionsrechnung allein maßgeblich sind. Zweckmäßigerweise wird diese Korrektur der Herstellkostenrechnung in einer Sonderrechnung vorgenommen, um die formale und materielle Vergleichbarkeit dieser Rechnung mit der normalen Kalkulation der Herstellkosten nicht zu stören. Diese möglichste formale und materielle Gleichheit beider Rechnungsweisen ist wesentlich, um in der Unternehmung einen Pluralismus von Rechnungsarten zu vermeiden, der nur Verwirrung und Unsicherheit hervorrufen kann; auch die nachträgliche Kontrolle der der Investitionsentscheidung zugrundegelegten wirtschaftlichen Daten wird hierdurch wesentlich erleichtert. Diese nachträgliche Kontrolle der Investitionsrechnung ist aber wesentlich, weil in der Regel eine Vorschaurechnung, die nicht kontrolliert wird, keinen praktischen Nutzen hat; die nachträgliche Kontrolle hilft auch den betrieblichen Instanzen, die Unterlagen für die wirtschaftliche Beurteilung der Investition liefern, ihre künftigen Schätzungen zu verbessern. Die Abweichung zwischen den vorausgeschätzten und den tatsächlichen Ergebnissen einer Investition ist für die Unternehmung eine wesentliche Erfahrung, auf die sie im Interesse der Verbesserung ihrer Vorausschätzung nicht verzichten sollte.

Bei der Erfassung der Herstellkosten der Betriebsleistung einer produktiven Anlage muß dem unterschiedlichen Verhältnis von Kosten zu Leistung bei verschiedenen Beschäftigungsgraden Rechnung getragen werden, da es unrealistisch ist anzunehmen, daß der Beschäftigungsgrad der Anlage während der einzelnen Jahre ihrer Lebensdauer gleich bleibt. Verschiedene Beschäftigungsgrade bedingen verschiedene Herstellkosten und damit einen unterschiedlichen Ausgabenstrom, soweit diese Herstellkosten ausgabewirksam sind. Um diese Veränderungen — die für den wirtschaftlichen Wert der Investition von großer Bedeutung sein können — zu erfassen, müssen die Herstellkosten in einen fixen und proportionalen Bestandteil zerlegt werden. Das geschieht durch die Angabe des Verhältnisses, in dem sich die einzelnen Kostenarten der Herstellkosten bei einer Veränderung des Beschäftigungsgrades ändern. Hierdurch können wir die Herstellkosten rechnerisch in einen fixen und einen proportionalen Bestandteil zerlegen — obwohl die einzelnen Kostenarten der Herstellkosten nicht unbedingt proportional zu sein brauchen; in der Regel sind diese Kosten nur variabel, es besteht also keine eindeutige Proportion zu Veränderungen des Beschäftigungsgrades.

Bei dieser Berechnung der Herstellkosten — von denen für die Investitionsrechnung nur die ausgabewirksamen Kosten interessieren — wird vorausgesetzt, daß die Unternehmung vor Beginn der Rechnung die wirtschaftlichste Fertigungsweise ausgewählt hat und ferner, daß in der Bewertung der Kostenfaktoren künftigen Einflüssen so gut wie möglich Rechnung getragen wurde. Neben dieser Rechnung kann es sinnvoll sein, Vergleichsrechnungen anzustellen, welche die Variation der Herstellkosten in Abhängigkeit beispielsweise von den Personalkosten, den Energiepreisen, dem Verhältnis von Stoffeeinsatz zur Ausbeute usw. zeigen. Diese Rechnungen sind dann zweckmäßig, wenn eine Veränderung dieser Faktoren innerhalb des Erwartungszeitraums erhebliche Auswirkungen auf die Herstellkosten hat. Hieraus lassen sich dann wiederum kritische Punkte beispielsweise im Erlösverlauf, im Beschäftigungsgrad, in der Rendite der Anlage ableiten. Diese Nebenrechnungen werden hier nicht dargestellt, denn die Investitionsrechnung wird in der Regel nur von einer Kostenbasis der Anlage ausgehen, nämlich der, welche nach der betrieblichen Erfahrung und nach bestem kaufmännischen Ermessen als die wahrscheinlichste angesehen wird[1]. Die angeführten Nebenrechnungen haben nur den Sinn, das Bewußtsein des Unternehmers für die Risiken der Investition zu schärfen und ihm so

[1] Die Berücksichtigung verschiedener Wahrscheinlichkeitsgrade in der Investitionsrechnung ist möglich, setzt aber die Anwendung von Rechenanlagen voraus.

BEISPIEL 18: ERMITTLUNG DER HERSTELLKOSTEN

Produkt A, Kapazität 10 000 Einheiten p. a.
Herstellkosten bei voller Kapazitätsausnutzung

Kostenart					Kosten p. a.	Kosten/E	Variator[2]
Materialkosten							
Rohstoffe		Menge/E	Wert/E				
1		4,32 kg	0,77		33 260,—	3,326	100 %
2		2,45 kg	1,24		30 380,—	3,038	
Hilfsstoffe		Menge	Wert/E				
1		monatl. 85 kg	0,45		459,—	0,046	
2		monatl. 132 kg	0,28		444,—	0,044	70 %
3		monatl. 44 kg	0,95		502,—	0,050	
Personalkosten	B[1]	Stdn/E	Lohnsatz	Zuschlag			
1. Fertigungslöhne	12	0,523	4,33	42 %	32 160,—	3,216	100 %
2. Hilfslöhne	4	Wochenl.	280,—	42 %	20 675,—	2,068	70 %
3. Gehälter	1	Monatsl.	1100,—	33 %	17 555,—	1,756	0 %
Energiekosten		Menge/E	Wert/E				
1. Strom		1,30 kWh	2,89		37 570,—	3,757	
2. Wasser		0,80 m³	1,63		13 040,—	1,304	100 %
3. Dampf ... at		0,17 t	8,95		15 220,—	1,522	
Kapitalkosten							
1. Anlagenunterhaltung					5 200,—	0,520	0 %
2. Reparaturkosten					12 300,—	1,230	50 %
3. Kalkulatorische Abschreibung					30 000,—	3,000	0 %
Sonstige Kosten							
1. Telefon, FS, Porti 2. Reisekosten 3. Transportkosten 4. Produktkontrolle 5. Grundsteuer, Gewerbekapital-, Lohnsummensteuer 6. Verwaltungskosten 7. Versicherungsprämien					15 000,—	1,500	50 %
Herstellkosten insgesamt					263 765,—	26,377	
Fixe Kosten p. a.					73 025,—		
Proportionale Kosten je Einheit						19,074	
Herstellkosten ausgabewirksam[3]							
Fixe Kosten					40 300,—	15,214	
Proportionale Kosten							

[1] Beschäftigte
[2] Veränderung der Kosten in % der Beschäftigungsänderung. Durch Anwendung dieses Variators werden die variablen Kosten rechnerisch proportional gemacht.
[3] s. unten Seite 85 ff.

zu einer kritischen Beurteilung der wirtschaftlichen Grundlagen für die Investitionsentscheidung zu verhelfen.

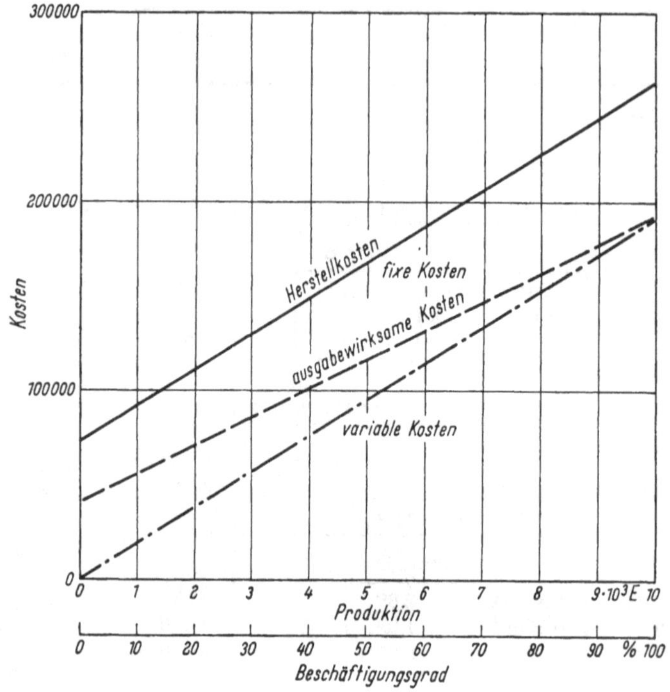

c) Kosten des Umsatzes

Kosten des Umsatzes sind für alle Investitionen vorauszuschätzen, die eine Umsatzleistung erbringen.

Zu diesen Kosten gehören alle umsatzabhängigen Kosten wie:

Umsatzsteuer
Provision
Frachtkosten
Verpackungskosten

Diese Kosten sind nach der betrieblichen Erfahrung in Proportion zum Umsatzwert oder zur Umsatzmenge vorauszuschätzen. Die Vorausschätzung dieser Kosten erfolgt zweckmäßigerweise im Zusammenhang mit der Schätzung von Umsatzerlös und Umsatzmenge.

d) Übrige Kosten

Zu den übrigen Kosten gehören alle Kosten der Unternehmung, die nicht zu den Herstellkosten oder den Kosten des Umsatzes zu rechnen sind. Das sind die Kosten der Unternehmungsbereiche, die außerhalb der eigentlichen Produktion stehen, die aber auch auf die umgesetzte Leistung verrechnet werden:

die Kosten des Vertriebs
Kosten des Vertriebsapparates im Unternehmen, in angeschlossenen Zweigstellen im In- und Ausland; Kosten der Werbung und Kundenberatung;

die Kosten der Zentralverwaltung
Diese Kosten fallen in allen großen Verwaltungsbereichen an, beispielsweise im Rechnungswesen, im Verkauf und in der eigentlichen Zentralverwaltung, soweit diese Kosten nicht als abgeleitete Kosten in den Herstellkosten direkt auf den Kostenträger zugerechnet werden;

die Kosten des Forschungs- und Entwicklungsbereichs

sonstige betriebliche Kosten
Zu den sonstigen betrieblichen Kosten gehören beispielsweise Inventurdifferenzen, Bewertungsdifferenzen, Kosten stillgelegter Anlagen, Kostensteuern auf Vermögensteile, die weder in der Produktion noch in den angeführten übrigen Betriebsbereichen eingesetzt sind.

Für die Verrechnung dieser Kosten auf die neue Investition gilt der Grundsatz, daß einer neuen Investition alle ausgabewirksamen Kosten, die durch sie hervorgerufen werden, zugerechnet werden müssen, gleichgültig in welchen Bereichen diese Kosten anfallen. Für die Investitionsentscheidung kommt es also auf den Kostenzuwachs an, der durch den neuen Kapitaleinsatz in der Unternehmung — gleich an welcher Stelle — verursacht wird.

So richtig dieser Grundsatz ist, so steht seiner Verwirklichung in der Praxis doch die Unmöglichkeit entgegen, den durch die neue Investition in den übrigen Betriebsbereichen induzierten Kostenzuwachs genau zu bestimmen. Der praktische Betriebswirt steht hier vor der Alternative, entweder diese Kosten aus der Investitionsrechnung herauszulassen, da sie für das einzelne Investitionsobjekt nur in seltenen Ausnahmefällen direkt bestimmbar sind, oder diese Kosten in der Investitionsrechnung mit den Sätzen zu berücksichtigen, mit denen sie auch in der Kalkulation zum Ansatz kommen.

Auf der Kostenseite entsteht hier also ein ähnliches Problem, wie es bereits bei der Behandlung des indirekten Kapitaleinsatzes erörtert wurde. Bei der Behandlung der indirekten Kapitalausgaben wurde festgestellt, daß diese Kapitalausgaben dem Einzelprojekt nur dann zugerechnet werden sollen, wenn ein unmittelbarer, nach Größenordnung, zeitlichem Anfall und Projekt spezifizierbarer Zusammenhang besteht. Das ist deswegen richtig, weil hier im Einzelfalle eine Kausalität der neuen Investition für Kapitalausgaben in anderen Betriebsbereichen konkret festgestellt werden kann. Eine mechanisch-rechnerische Erweiterung des Kapitalwertes der neuen Investition um anteilige Kapitalteile aus Hilfs- und Verwaltungsbereichen der Unternehmung wäre falsch, da — soweit es sich um bereits gebundenes Kapital in der Unternehmung handelt — die neue Investition diese Kapitalausgaben nicht verursacht hat und — sofern es sich um künftige Kapitalausgaben in anderen Betriebsbereichen handelt — weder diese Kausalität noch die wirtschaftliche Rechtfertigung der hier implizierten Investitionsentscheidung in diesen Hilfs- und Verwaltungsbereichen bewiesen werden kann. Die anteilige Zurechnung künftiger Kapitalausgaben in Hilfsbereichen auf Grund von Kennziffern aus der Vergangenheit setzt eine Investitionspolitik in der Unternehmung voraus, die sich unkritisch an der Vergangenheit orientiert und auf ein genaues Abwägen jeder einzelnen Investition im Lichte der verfügbaren Alternativen verzichtet. So würde nicht nur die neue Investition mit einem irrealen Kapitalwert belastet, sondern auch die Investitionsentscheidung in den Hilfs- und Verwaltungsbereichen der Unternehmung in einer gefährlichen Weise präjudiziert werden.

Eine Ermittlung der Kapitalbasis der Investition nach diesen Grundsätzen setzt freilich eine entsprechende Investitionslenkung insgesamt voraus, weil es bei dieser Handhabung unvermeidlich ist, daß neben produktiven Investitionen, die also echte Gewinne oder Kostenersparnisse bringen, solche stehen, deren Nutzen sich ausschließlich aus ihrer betrieblichen Notwendigkeit im Leistungsverbund ergibt. Es muß dann das Ziel der Unternehmung sein, durch eine entsprechende Investitionslenkung die Investitionen insgesamt auf die angestrebte Mindestrendite zu bringen.

Wenn bei einer Behandlung der indirekt mit einer Investition verbundenen Betriebskosten in der gleichen Weise verfahren würde, also auf eine Zurechnung der nicht direkt erfaßbaren marginalen Kosten in anderen Betriebsbereichen verzichtet würde, so ergäben sich drei Nachteile für die Investitionsrechnung:

1. In der Investitionsrechnung würden nicht alle Kosten der Investition erfaßt werden. Die Investitionsrechnung könnte damit nicht zu einer echten Rendite der Investition führen.

Dieser Nachteil könnte dadurch ausgeglichen werden, daß wir den Satz der Mindestrendite, an dem wir unsere Investitionen messen, um einen zur Deckung dieser overhead cost ausreichenden Zuschlag erhöhen. Hierdurch würde aber nur ein Ausgleich dieses Nachteils erreicht, der Nachteil selbst aber nicht beseitigt werden. Die Rendite der Investition wäre nicht ersichtlich.

Im umgekehrten Falle — bei der Zurechnung dieser Kosten auf Grund der Sätze, die in der Kalkulation der Unternehmung angewandt werden — wird das Renditenbild der neuen Investition freilich dadurch verfälscht, daß sie bei dieser Art der Zurechnung Kostenbestandteile trägt, die sie nicht verursacht hat; andererseits genießt die neue Investition aber auch die vielen Vorteile des betrieblichen Leistungsverbundes, ohne den ihre overhead cost aus diesen Bereichen wahrscheinlich genauso hoch, wenn nicht noch höher wären wie diese hier auf sie verrechneten Kosten der Unternehmung. Das ist zwar keine Widerlegung der theoretisch richtigen Ansicht, daß es an sich nur auf die Grenzkosten ankommt und nur mit diesen gerechnet werden dürfte, es zeigt wohl aber, daß diese Art der Kostenverrechnung unter praktischen Gesichtspunkten besser ist als ein Verzicht auf die Zurechnung von overhead cost auf das einzelne Investitionsprojekt. Das Renditenbild der Investition wird bei einem Verzicht auf diese Zurechnung mehr verfälscht als bei einer Zurechnung anteiliger Kosten aus diesem Bereich. Im übrigen entspricht diese Entscheidung dem Prinzip der kaufmännischen Vorsicht, wonach es im Zweifel immer besser ist, eine zu geringe, als eine zu hohe Rendite auszuweisen.

2. Die Kosten aus diesen übrigen Bereichen der Unternehmung berühren die Kostenstellen und Kostenträger der Unternehmung nicht gleichförmig, sondern in einem unterschiedlichen Maße.

Nicht jeder neue Kapitaleinsatz in der Unternehmung ruft diese Kosten in einem gleichen Maße hervor; es bestehen vielmehr starke Differenzierungen. So können nur Investitionen, die in der Produktion erfolgen, zusätzliche Vertriebskosten verursachen, nicht aber Investitionen im Verwaltungsbereich. Auf diese Differenzierung in der Art der Kostenzurechnung auf die einzelnen Betriebsbereiche und damit auf die Investitionen, die in diesen Betriebsbereichen erfolgen, würden wir verzichten, würden diese Kosten nicht der einzelnen Investition zugerechnet, sondern stattdessen global in der Mindestrendite berücksichtigt werden.

3. Ein Verzicht auf die Erfassung dieser overhead cost für das einzelne Investitionsprojekt würde eine entsprechende Berichtigung des Mindestrenditenstandards, an dessen Höhe wir die Rendite unserer Investitionen messen, bedingen. Durch die Übernahme dieser Kostenbestandteile in die Mindestrendite würde diese Mindestrendite, die grundsätzlich nur Gewinnbestandteile und Kapitalkosten enthalten sollte, verfälscht und in ihrer Aussagekraft beeinträchtigt.

Daher wird hier vorgeschlagen, diese übrigen Kosten auf die betrieblichen Investitionen in derselben Weise zu verrechnen, wie der Ansatz dieser Kosten in der Kalkulation erfolgt. Hierbei muß jedoch zweierlei berücksichtigt werden:

es handelt sich um die Verrechnung künftiger, nicht gegenwärtiger Kosten; dem Trend dieser Kostenarten muß also Rechnung getragen werden;

diese Kosten sind nur insoweit für die Investitionsrechnung relevant, als sie zu Ausgaben führen; sofern es sich um abgeleitete Kosten handelt, müssen also die darin enthaltenen Bestandteile kalkulatorischer Abschreibungen ausgesondert werden. Das gleiche gilt für die kalkulatorischen Zinsen, die Bestandteile der Kapitalrendite sind.

Dieser Vorschlag hat ausschließlich pragmatische Gründe; nach richtiger theoretischer Ansicht dürfen auf die neue Investition nur die durch sie in der Unternehmung hervorgerufenen Kosten verrechnet werden. Ein eindeutiger Zusammenhang zwischen einer neuen Investition in der Produktion und dem Kostenzuwachs der Unternehmung in deren Hilfs- und Verwaltungsbereich ist jedoch in der Praxis nicht oder nur sehr bedingt feststellbar. Praktisch müssen wir davon ausgehen, daß die Kosten in diesen Bereichen mit dem neuen Kapitaleinsatz steigen und daher, selbst wenn keine unmittelbare Kausalität zwischen der neuen Investition und diesem Kostenzuwachs feststellbar ist, die Kosten dieser Bereiche aus der Rendite des im Unternehmen gebundenen Kapitals gedeckt werden müssen. Von jeder neuen Investition ist also zu fordern, daß sie ihren Teil zur Deckung dieser allgemeinen overhead cost der Unternehmung beiträgt. Wo es jedoch möglich ist, die genauen Grenzkosten der Investition aus diesem Bereich zu bestimmen, sollten wir nicht zögern, diese Grenzkosten zum Ausgangspunkt der Investitionsrechnung zu machen.

Wenn wir uns für diese Art der Kostenverrechnung entschieden haben, so ergibt sich die Frage nach den anzuwendenden Schlüsselgrößen für ihre Zurechnung. In jeder Unternehmung gibt es verschiedene Verrechnungssätze, mit deren Hilfe diese Kosten auf das Endprodukt zugerechnet werden; beispielsweise die Herstellkosten, die Fertigungskosten, Stundensätze usw. In der Investitionsrechnung kann von diesen Sätzen ausgegangen werden. Im einzelnen ist zur Verrechnung dieser übrigen Kosten auf die betrieblichen Investitionen folgendes zu sagen:

(1) *Kosten des Vertriebsbereichs*

Kosten des Vertriebsbereichs werden in der Unternehmung aufgewandt, um die produzierte Leistung in den Markt zu bringen und damit wirtschaftlich zu nutzen. Daher sind diese Kosten auf alle neuen Investitionen in der Produktion der Unternehmung anteilig zu verrechnen. Vertriebskosten werden also auf alle produktiven Investitionen verrechnet, nicht nur solche, die Verkaufsprodukte herstellen. Denn die Vorleistung zu der Endstufe der Produktion erfolgt im Hinblick auf den

Absatz der Verkaufsprodukte im Markt und ohne diesen Absatz ist auch die Vorleistung zu der Endstufe der Produktion wirtschaftlich nicht sinnvoll.

Das in der Produktion der Unternehmung gebundene Kapital muß daher als eine Einheit aufgefaßt werden, zu deren Nutzung u. a. Vertriebskosten aufgewandt werden müssen. Es wäre also falsch, Vertriebskosten nur auf Investitionen zu verrechnen, die Verkaufsprodukte herstellen, denn auch eine Vergrößerung der Produktionskapazität im Bereich der Vorprodukte, die ja nur dann erfolgt, wenn die Produktionsstufe der Verkaufsprodukte diese Mehrleistung aufnehmen kann, führt zu einer verstärkten Auslastung der Vertriebsbereitschaft der Unternehmung und damit auch zu einem erhöhten Kostenaufwand in diesem Bereich, soweit eine intensitätsmäßige Anpassung nicht möglich ist.

Zu den Vertriebskosten gehören die Kosten des Vertriebsapparates der Unternehmung und die Kosten, die sie zur Erhaltung und Pflege ihres Marktes aufwenden muß; beispielsweise die Kosten der Verkaufsabteilung, der Außenstellen im Vertriebssektor, der Kundenberatung und Werbung. Zwischen diesen Kosten und der Umsatzleistung der Unternehmung besteht kein proportionaler Zusammenhang; es handelt sich um Bereitschaftskosten, die sich zwar in Sprüngen der Umsatzleistung der Unternehmung anpassen, innerhalb weiter Umsatzbereiche aber fixen Charakter tragen. Eine Verteilung dieser Kosten auf die Kostenträger nach dem Verursachungsprinzip ist daher nur sehr bedingt möglich. So wäre es beispielsweise möglich, diese Kosten nach dem Herstellkostenanteil der Endprodukte oder der Anzahl der Verkaufsfälle zu verteilen; dadurch wird aber keine verursachungsgerechte Kostenverteilung erreicht, sondern nur der vorhandene Kostenberg auf die Endprodukte verteilt. Zwischen dem Aufwand an Herstellkosten und dem Vertriebskostenaufwand besteht kein ursächlicher Zusammenhang, genauso wenig wie jeder Verkaufsfall kostenmäßig dieselbe Vertriebsleistung bedeutet. Für die Verteilung der Vertriebskosten nach den Herstellkosten, spricht allenfalls die Annahme, daß ein Produkt, das relativ viel Herstellkosten verursacht, auch einen größeren Anteil der Vertriebskosten tragen kann als andere Produkte; diese Annahme ist aber nicht in jedem Fall richtig, und außerdem bedeutet sie eine Abkehr von dem Verursachungsprinzip, das grundsätzlich die Kostenverteilung beherrschen sollte.

Hier bietet die Verteilung dieser Kosten nach dem für das Produkt gebundenen Kapital einen besseren Ausgangspunkt unter dem Gesichtspunkt, daß das in der Produktion gebundene Kapital wirtschaftlich nur genutzt werden kann, wenn Vertriebskosten aufgewandt werden, welche die Transformation der Produktionsleistung in die Marktleistung er-

möglichen. Diese Kosten müssen daher aus der Rendite des in der Produktion der Unternehmung gebundenen Kapitals gedeckt werden, wenn die Produktion wirtschaftlich sinnvoll sein soll. Die Verteilung dieser Kosten nach dem Kapitalschlüssel entspricht auch besser dem fixen Charakter dieser Kosten; eine Umlage dieser Kosten nach den Herstellkosten würde eine Proportionalität zwischen diesen Kosten und der hergestellten Leistung voraussetzen, die praktisch nicht gegeben ist.
Zur Verrechnung dieser Kosten auf die betriebliche Investition in der Investitionsrechnung ist also folgendes nötig:

1. die Ermittlung des in der Produktion gebundenen Kapitals.
   Dieses Kapital ist zu vollen Anschaffungswerten, nicht zu Buchrestwerten oder Wiederbeschaffungswerten zu bewerten[1].
   Stellt die Unternehmung mehrere Produkte her, die sich in ihren Anwendungsbereichen und Märkten wesentlich unterscheiden, so ist es sinnvoll, das in der Produktion gebundene Kapital nach großen Produktionsbereichen oder Produkten aufzugliedern.
2. die Feststellung der Vertriebskosten der Unternehmung, wieder — falls notwendig — aufgeteilt nach großen Produktionsbereichen oder Produkten.
3. die Ermittlung des Verhältnisses dieser beiden Größen zueinander in einem Prozentsatz, der auf die Investitionsausgaben der neuen Investition angewandt wird und den Kostensatz angibt, mit dem die Investition in der Investitionsrechnung mit Vertriebskosten zu belasten ist.

Wird bei der Ermittlung der Vertriebskosten nach Produktionsbereichen oder Produkten differenziert, so wird jede Investition mit dem Satz belastet, der für das Produktionsfeld, in dem sie steht, ermittelt wurde. Werden in der Investition Vorprodukte hergestellt, die keinem bestimmten Verkaufsbereich zuzurechnen sind, so kann auf diese Investition nur ein Globalsatz angewandt werden, der nach dem Verhältnis des gesamten in der Produktion gebundenen Kapitals zu der Gesamtheit der Vertriebskosten der Unternehmung gebildet wird.

Ein Beispiel soll diese Rechnung verdeutlichen:

[1] Ein Wiederbeschaffungswert ist abzulehnen, weil die alte Anlage nicht in der vorhandenen Form wiederbeschafft wird. Zwar wird bei dem Rechnen mit dem Anschaffungswert eine steigende Preistendenz im Markt industrieller Anlagen nicht berücksichtigt; andererseits steigen aber nicht nur die Preise industrieller Anlagen, sondern auch deren Leistungsfähigkeit verbessert sich stark durch den technischen Fortschritt. Das Heraufindizieren der Anschaffungswerte alter Anlagen auf die Höhe der Wiederbeschaffungspreise ist daher in jedem Falle wirtschaftlich falsch. Das Rechnen mit Anschaffungswerten ist realistischer, weil sich beide Einflußfaktoren: technischer Fortschritt und Preisentwicklung gegenläufig auswirken — wenn nicht der technische Fortschritt die Preisentwicklung sogar überkompensiert. So gibt es Fälle, in denen industrielle Anlagen gleicher Leistungsfähigkeit heute um $^1/_3$ bis zur Hälfte billiger erworben werden können als noch vor einigen Jahren.

BEISPIEL 19: VERRECHNUNG VON VERTRIEBSKOSTEN AUF NEUE INVESTITIONEN

(Zahlen aus der Kapitalleistungsrechnung in Mill. DM)

Kapitalbereiche/ Kapitalarten	Produktionsber.	Forschung	Zentralverwaltg.	Sonstiges	Insgesamt
Werksanlagen	630	80	20	20	750
Finanzanlagen	40	—	10	—	50
Roh-, Hilfs-, Betriebsstoffe	100	10	10	—	120
Fertigerzeugnisse	180	—	—	—	180
Debitoren	290	—	—	—	290
Konzernforderungen	50	—	10	—	60
Sonstige Forderungen	50	10	70	10	140
Geldanlagen	—	—	70	—	70
flüssige Mittel	—	—	10	—	10
	1340	100	200	30	1670
hiervon:					
Produktionsbereich A	790				
Produktionsbereich B	420				
Produktionsbereich C	130				
	1340	100	200	30	1670

Produktionsbereich	Vertriebskosten	in % vom Produktkapital
A	35,7	4,52
B	15,2	3,62
C	9,5	7,31
	60,4	4,51

Hiernach werden Vertriebskosten auf neue Investitionen wie folgt verrechnet:

neue Investitionen im Produktionsbereich A: 4,52 % der Investitionsausgaben;

neue Investitionen im Produktionsbereich B: 3,62 % der Investitionsausgaben;

neue Investitionen im Produktionsbereich C: 7,31 % der Investitionsausgaben;

Investitionen, die Vorprodukte herstellen, deren Verwendung in verschiedenen Endproduktbereichen erfolgt, sollten entweder mit den Vertriebskosten belastet werden, die auf den Produktionsbereich zu verrechnen sind, in dem der hauptsächlichste Einsatz erfolgt, oder, falls eine Aufgliederung des Verwendungszwecks nach Verkaufsproduktbereichen nicht möglich ist, mit einem durchschnittlichen Satz von 4,51 % der Investitionsausgaben belastet werden.

Die Zurechnung der Vertriebskosten der Unternehmung auf die neue

Investition im Produktionsbereich hat ihre Grenzen, und sicher gibt es auch Fälle, in denen bei der einen oder anderen Investition — beispielsweise bei dem Übergang von arbeitsintensiver zu kapitalintensiver Produktion unter Beibehaltung der Produktionsleistung — Ausnahmen oder Korrekturen möglich wären. Aber es wäre falsch, Vertriebskosten nur den Investitionen zuzurechnen, die Verkaufsprodukte herstellen, weil hierbei übersehen wird, daß eine Vergrößerung der Produktionsleistung auch durch Investitionen in Vorprodukten erreicht werden kann. Die Kosten der Vertriebsbereitschaft dienen der wirtschaftlichen Nutzung des gesamten in der Produktion der Unternehmung gebundenen Kapitals, das — gleich auf welcher Produktionsstufe — als eine wirtschaftliche Einheit angesehen werden muß. Bei Investitionen, die lediglich die Kapitalintensität der Produktion erhöhen, ohne deren Leistung zu steigern — falls es überhaupt solche Investitionen gibt — mag es nicht sinnvoll erscheinen, die Vertriebskostenbelastung an den Kapitaleinsatz zu binden. Und doch spricht auch in diesen Fällen unter einem höheren Gesichtspunkt als dem der reinen Kostenverursachung für dieses Vorgehen, daß steigende Kapitalintensität in der Produktion notwendigerweise zu einem verstärkten Druck der Unternehmung auf ihrem Absatzmarkt führen muß, was sich zwangsläufig in den Kosten der Vertriebsbereitschaft auswirkt. Die Produktionskapazität einer Unternehmung und ihre Marktbereitschaft können nur zusammenwachsen, und jeder Kapitaleinsatz in der Produktion setzt zu seiner Nutzung einen entsprechenden Aufwand im Marktbereich voraus.

(2) *Kosten des Forschungs- und Entwicklungsbereichs*

Aufwendungen für Forschung und Entwicklung dienen dazu, die Produktivität des in der Produktion der Unternehmung gebundenen Kapitals zu erhöhen, dessen Rendite zu verbessern und der Unternehmung die Möglichkeit zu neuem, produktiven Kapitaleinsatz zu verschaffen. Daher ist das in der Produktion der Unternehmung gebundene Kapital der beste Maßstab für die Verrechnung von Kosten aus diesen Bereichen, und entsprechend sollten alle neuen Investitionen in der Produktion mit diesen Kosten im Verhältnis zu ihrer Kapitalbasis belastet werden.

Auch hier wäre es falsch, diese Kosten nur auf Investitionen zu verrechnen, die Verkaufsprodukte herstellen; denn der Forschungs- und Entwicklungsaufwand der Unternehmung bezieht sich nicht nur auf Endprodukte, sondern auch auf Vorprodukte und Verfahrensweisen in der Produktion. Auch der Kapitaleinsatz in Vorstufen der Produktion ist zu einem wesentlichen Teil durch die Ergebnisse der betrieblichen Forschung bedingt. Der Forschungs- und Entwicklungsaufwand hebt die

Produktivität des gesamten in der Produktion der Unternehmung gebundenen Kapitals, nicht nur des Kapitals, das zur Erzeugung von Verkaufsprodukten gebunden wird. Zur Nutzung dieses Kapitals, gleich in welcher Produktionsstufe, ist dieser Aufwand notwendig, und daher ist es gerechtfertigt, diesen Aufwand als eine Funktion des betrieblichen Kapitals in der Produktion insgesamt aufzufassen.
Zu diesem Zwecke bilden wir als Schlüsselgröße das Verhältnis der jährlichen Aufwendungen für Forschung und Entwicklung zu dem in der Produktion gebundenen Kapital und verrechnen mit dem so gefundenen Schlüssel anteilig Forschungs- und Entwicklungskosten auf die produktiven Investitionen. Bei der Berechnung dieser Schlüsselgröße wird das in der Produktion der Unternehmung gebundene Kapital zu vollen Anschaffungswerten — nicht zu Buchrestwerten oder Wiederbeschaffungswerten — bewertet.
Bei der Verrechnung dieser Kosten ergibt sich wieder die Frage, ob auch hier — ähnlich wie bei den Vertriebskosten — eine Differenzierung nach Produktionsbereichen vorgenommen werden soll. Diese Frage kann nur für den konkreten Einzelfall beantwortet werden: wird die Forschungs- und Entwicklungsarbeit der Unternehmung als eine einheitliche

BEISPIEL 20: VERRECHNUNG VON FORSCHUNGS- UND ENTWICKLUNGSKOSTEN AUF NEUE INVESTITIONEN

(Zahlen aus der Kapitalleistungsrechnung in Mill. DM)

Kapitalbereiche/ Kapitalarten	Produktionsber.	Forschung	Zentralverwaltg.	Sonstiges	Insgesamt
Werksanlagen	630	80	20	20	750
Finanzanlagen	40	—	10	—	50
Roh-, Hilfs-, Betriebsstoffe	100	10	10	—	120
Fertigerzeugnisse	180	—	—	—	180
Debitoren	290	—	—	—	290
Konzernforderungen	50	—	10	—	60
Sonstige Forderungen	50	10	70	10	140
Geldanlagen	—	—	70	—	70
flüssige Mittel	—	—	10	—	10
	1340	100	200	30	1670
hiervon:					
Produktionsbereich A	790				
Produktionsbereich B	420				
Produktionsbereich C	130				
	1340	100	200	30	1670

Aufwendungen für Forschung und Entwicklung 29 130 000 DM
= 2,1 % des in der Produktion eingesetzten Kapitals.

Funktion angesehen, deren Nutzen der Produktion insgesamt zukommt, so wird keine Differenzierung nach Produktionsbereichen vorgenommen; besteht ein deutlicher Unterschied der Forschungs- und Entwicklungsarbeit nach Produktionsgebieten, so ist eine Differenzierung in der Zurechnung der so verursachten Kosten nach Produktionsgebieten zu fordern.

Mit diesem Satz berechnet auf die Kapitalbasis der Investition werden alle neuen Investitionen in der Produktion der Unternehmung belastet. Falls die Aufwendungen für Forschung und Entwicklung eindeutig auf Produktionsbereiche aufzugliedern sind, kann hier, wie bei den Vertriebskosten, mit differenzierten Sätzen gerechnet werden.

(3) *Kosten des Bereichs Zentralverwaltung und sonstige Kosten*

Diese Aufwendungen dienen der Verwaltung und Erhaltung des gesamten betrieblichen Kapitals, und daher ist die Schlüsselgröße für die Verteilung dieser Kosten das gesamte Kapital der Unternehmung, nicht nur das im Produktionsbereich gebundene Kapital. Die Verrechnung dieser Kosten erfolgt auf die neuen Investitionen entsprechend ihrer Kapitalbasis nach dem Verhältnis dieser Aufwendungen zu dem in der Unternehmung gebundenen Kapital, bewertet zu Anschaffungswerten. Also in den Zahlen des obigen Beispiels:

	Mill DM
In der Unternehmung gebundenes Kapital	1670,—
Zentralverwaltungskosten p. a.	20,1
Sonstiger betrieblicher Aufwand p. a.	8,3
= 1,7 % vom gebundenen Kapital	28,4

Mit diesem Satz, berechnet auf die Kapitalbasis der Investition, werden alle neuen Investitionen der Unternehmung — gleich welchen Bereichen sie angehören — belastet.

Die Verrechnung der übrigen Kosten außerhalb des Herstellkostenbereiches bringt eine Reihe von Problemen mit sich, die praktisch nicht immer in einer Weise gelöst werden können, die auch theoretisch voll befriedigen würde, weil die Trennung residualer und marginaler Elemente in diesen Kosten große Schwierigkeiten bereitet — wenn sie überhaupt möglich ist. Auch in diesen Fällen ist es aber praktisch möglich, zu einer brauchbaren Investitionsrechnung zu gelangen.

In allen Fällen werden diese Kosten nach den Investitionsausgaben der neuen Investitionen verrechnet:

die Vertriebskosten nach dem Verhältnis des in der Produktion der Unternehmung gebundenen Kapitals zu diesen Kosten, bezogen auf die Investitionsausgaben der neuen Investitionen;

die Forschungs- und Entwicklungskosten nach dem Verhältnis des in der Produktion der Unternehmung gebundenen Kapitals zu diesen Kosten, bezogen auf die Investitionsausgaben der neuen Investitionen; die Kosten der Zentralverwaltung und sonstige Kosten nach dem Verhältnis des in der Unternehmung gebundenen Kapitals zu diesen Kosten, bezogen auf die Investitionsausgaben der neuen Investitionen.

Die Zurechnung der Betriebskosten auf die einzelnen Investitionsarten kann hiernach wie folgt systematisch dargestellt werden:

Kosten	Investitionen im Produktionsbereich Vorprodukte	 Verkaufsprodukte	Übrige Bereiche
Herstellkosten	direkt	direkt	Statt Herstellkosten Unterhaltungsaufwand direkt
Kosten des Vertriebsbereichs	Verrechnung: Schlüsselgröße: Verhältnis der Anschaffungskosten des im Produktionsbereich der Unternehmung gebundenen Kapitals zu diesen Kosten, bezogen auf Kapitalbasis der neuen Investition differenziert nach Produktionsbereichen oder Durchschnittssatz	differenziert nach Produktionsbereichen	entfällt
Kosten des Forschungs- und Entwicklungsbereichs	Verrechnung: Schlüsselgröße: Verhältnis der Anschaffungskosten des im Produktionsbereich der Unternehmung gebundenen Kapitals zu diesen Kosten, bezogen auf Kapitalbasis der neuen Investition differenziert nach Produktionsbereichen oder Durchschnittssatz		entfällt
Kosten der Zentralverwaltung u. sonstige Kosten	Verrechnung: Schlüsselgröße: Verhältnis der Anschaffungskosten des gesamten Vermögens der Unternehmung zu diesen Kosten, bezogen auf Kapitalbasis der neuen Investition		
Kosten des Umsatzes	entfällt	Verrechnung nach dem Verhältnis dieser Kosten zum Umsatzerlös oder Mengenumsatz	entfällt

Immer ist darauf zu achten, daß es sich um die Verrechnung künftiger, nicht gegenwärtiger Kosten der Unternehmung handelt; ferner darauf, daß nur ausgabewirksame Kosten in die Investitionsrechnung einbezogen werden dürfen.

e) Die Berücksichtigung von Gewinnsteuern in der Investitionsrechnung

Das Problem einer Berücksichtigung der steuerlichen Belastung des Reingewinns der Unternehmung berührt die Investitionsrechnung in dreifacher Weise:

1. Bei der Berechnung der Kapitalbasis einer Investition ergibt sich die Frage, wie und ob der unterschiedlichen steuerlichen Abzugsfähigkeit der Anschaffungsausgaben der Investition Rechnung getragen werden soll: Ausgaben für Grundstücke können nicht abgeschrieben werden; andere Teile der Investitionsausgaben können als Betriebsausgaben im Zeitpunkt ihres Anfalles verrechnet werden; wiederum andere Teile können linear oder degressiv abgeschrieben werden; unter Umständen sind Sonderabschreibungen möglich.
   Durch den Ansatz von Nettowerten, die der Steuerersparnis Rechnung tragen, die durch die steuerliche Abzugsfähigkeit bewirkt wird, verringert sich die Kapitalbasis der Investition, und damit steigt ihre Rendite.
2. Bei der Berechnung des Einnahmenüberschusses einer Investition entsteht das Problem, ob die Steuerersparnis, welche die Investition durch die steuerliche Abzugsfähigkeit der Abschreibungen bringt, nicht als Ausgabenersparnis in Ansatz zu bringen ist. Ferner kann sich dort, wo zur Diskussion steht, ob eine Investition vor Ablauf ihrer wirtschaftlichen Lebensdauer ausscheiden soll oder nicht, die Frage ergeben, wie der steuerliche Vorteil, der sich aus der Vorverlagerung der Anlagenabschreibung ergibt, zu berücksichtigen sei. Auch der steuerliche Effekt der Vorverlagerung der Abbruchkosten saldiert mit den Erlösen aus Anlagenverkäufen müßte berücksichtigt werden.
3. Bei der Berechnung der Investitionsrendite ergibt sich die Frage, ob die Rendite einer Investition vor oder nach Steuern berechnet werden soll.

Eine allgemein gültige Antwort auf die Frage, ob innerhalb der Investitionsrechnung dem Einfluß der Gewinnsteuern Rechnung getragen werden soll oder nicht, ist nicht möglich — dazu kommt es zu sehr auf die besonderen Umstände des Einzelfalles an. Grundsätzlich sollten aber diese steuerlichen Überlegungen in der Investitionsrechnung nicht berücksichtigt werden, und nur ausnahmsweise ist es zweckmäßig, die besonderen steuerlichen Aspekte einer Investition zu prüfen.

Die Berücksichtigung der steuerlichen Belastung des Gewinnes einer Investition und der Steuerersparnis, die sie der Unternehmung bringt, wäre nur möglich, wenn die steuerliche Belastung der Unternehmung eine konstante Größe wäre und zwischen dem Gewinn der Investition sowie der durch sie ermöglichten Steuerersparnis und der steuerlichen Belastung der Unternehmung eine direkte Relation bestünde.

Besteuert wird aber nicht der Gewinn der einzelnen Investition, sondern das steuerliche Ergebnis der Unternehmung. Wenn also eine Investition einen Gewinn abwirft, so berechtigt das noch nicht zum Ansatz einer steuerlichen Belastung dieses Gewinnes, da nicht der Gewinn der Investition, sondern das Ergebnis der Unternehmung besteuert wird. Die Möglichkeit, Investitionsausgaben degressiv abzuschreiben oder als Betriebsausgaben zu behandeln, ist für eine Unternehmung, die mit Verlust arbeitet, kein Vorteil; die Möglichkeit einer degressiven Abschreibung muß auch im Zusammenhang mit anderen Formen steuerlich begünstigter Gewinnverwendung gesehen werden; es muß ferner das Interesse der Unternehmung an einer stabilen Dividendenpolitik und einem kontinuierlichen Gewinnausweis berücksichtigt werden.

Die steuerliche Belastung der Unternehmung ist von einer Fülle von Umständen abhängig, die nicht in einem direkten Zusammenhang mit den Ergebnissen der einzelnen Investitionen stehen: so beispielsweise von der Art der Gewinnverwendung; gewisse Formen der Gewinnverwendung sind steuerbegünstigt, verringern also die Steuerlast der Gesellschaft; die Ertragslage der Gesellschaft schwankt und damit die steuerliche Belastung des Gewinnes: bestehen Verlustvorträge, so können Gewinne gegen sie steuerfrei aufgerechnet werden; erfolgt eine Fusion mit einer Gesellschaft, die Verlustvorträge besitzt, so wird insofern die Steuerbelastung der aufnehmenden Gesellschaft verringert oder aufgehoben; ändern sich die Steuergesetze, so ist es möglich, Sonderabschreibungen mit steuerlicher Wirkung vorzunehmen — oder diese Vergünstigungen werden aufgehoben; durch rechtliche Konstruktionen können Gewinne aus Investitionen der Steuerbelastung des Landes, in dem die Investition steht, entzogen werden, indem diese Gewinne als steuerlich begünstigter Aufwand abgeschöpft werden; bei dem gespaltenen Körperschaftsteuersatz hängt die Höhe der steuerlichen Belastung einer Gesellschaft von dem Verhältnis zwischen ausgeschüttetem und einbehaltenem Gewinn ab.

Aus allen diesen Umständen ist es unmöglich, eine direkte Beziehung zwischen dem Gewinn einer Investition und der hierauf entfallenden steuerlichen Belastung herzustellen. Und schließlich käme es für die Investitionsrechnung nicht auf die steuerliche Belastung als solche an, sondern auf die Steuerzahlungen, die hierdurch bewirkt werden. Zwischen Steuerschuld und Steuerzahlung besteht aber oft ein erheblicher zeitlicher Unterschied.

Die Veranschlagung des Einflusses der Gewinnbesteuerung der Unternehmung auf die Wirtschaftlichkeit des einzelnen Investitionsprojektes könnte so nur unter Zuhilfenahme von recht willkürlichen Annahmen erfolgen, deren Gültigkeit über einen längeren Zeitraum nicht zuverlässig vorausgesehen werden kann und die selbst sehr abhängig sind von der Steuerpolitik der Unternehmung, ihrer Gewinnverwendung und ihrer Ertragslage. So ist der Vorteil, den die degressive Abschreibung im Verhältnis zur linearen bringt, abhängig von der Entwicklung der Ertragslage der Unternehmung im Zeitraum der Abschreibung, von der Notwendigkeit und Möglichkeit anderer Formen steuerbegünstigter Gewinnverwendung und schließlich ihrer Dividendenpolitik. Nur bei einer sehr engen, auf das einzelne Investitionsprojekt ausgerichteten Betrachtungsweise kann man zu dem Schluß kommen, daß es möglich sei, den Einfluß der gewinnsteuerlichen Belastung der Ertragskraft der Unternehmung zweifelsfrei zu erfassen; die einzelne Investition muß aber in dieser Hinsicht im Gesamtrahmen der Unternehmung gesehen werden, denn nicht die Investition, sondern die Unternehmung ist mit ihrem Gewinn steuerpflichtig, und diese Steuerpflicht wird durch die Steuerpolitik und die Art der Gewinnverwendung der Unternehmung wesentlich beeinflußt.

Das Ziel der Unternehmung ist auf die Erzielung eines möglichst hohen Gewinnes vor Steuern gerichtet, und erst dann, wenn dieser Gewinn erzielt ist, sollten alle Möglichkeiten innerhalb der bestehenden Gesetze, Steuern zu sparen, geprüft werden; denn die Unternehmung ist keine Institution, deren Zweck es ist, Steuern zu sparen. In der Investitionspolitik bewegen wir uns aber in dem Unternehmungsbereich der Gewinnerzielung, nicht der Gewinnverwendung. Ziel der Investitionspolitik ist also die Erzielung eines möglichst hohen Gewinnes vor Steuern, nicht die Gewinnverwendung in steuerlich möglichst günstiger Form. Bei der Berücksichtigung steuerlicher Motive in der Investitionsrechnung würde die Kapitallenkung innerhalb der Unternehmung unvermeidlich in die Gefahr geraten, sich an dem Streben nach möglichst hoher Steuerersparnis auszurichten und dabei das eigentliche Ziel: im Rahmen des gegebenen Unternehmungszweckes einen möglichst hohen Gewinn zu erzielen, in den Hintergrund treten lassen. Auf steuerlichen Überlegungen kann sich eine Investitionspolitik auch deswegen nicht gründen, weil die Erfahrung zeigt, daß Steuergesetze sich ändern können.

Wenn so die Auffassung vertreten wird, daß Steuerüberlegungen die Investitionsrechnung grundsätzlich nicht berühren, so muß andererseits darauf hingewiesen werden, daß es hiervon Ausnahmen gibt, etwa bei der Investitionslenkung im internationalen Maßstab, also bei der Beantwortung der Frage, in welchem Land und in welcher Rechtsform eine Investition vorzunehmen sei und wie die Kapitalstruktur einer Beteiligungsgesellschaft gestaltet werden soll. In diesen Fällen kommt der Berücksichtigung steuerlicher Momente eine wesentliche Bedeutung zu. Bei Investitionen innerhalb der eigenen Unternehmung sollte aber die steuerliche Belastung der Unternehmung nicht bei den einzelnen Investitionen berücksichtigt werden, sondern vielmehr in der Mindestrendite zum Ausdruck kommen, die den betrieblichen Investitionen insgesamt während eines Jahres vorgegeben wird. Die Vorgabe dieser Mindestrendite ist kein Problem der Investitionsrechnung.

Falls im Einzelfalle doch der Einfluß der Gewinnsteuern berücksichtigt werden soll, so wäre wie folgt zu verfahren:

1. Alle Investitionsausgaben wären mit dem Nettowert nach Berücksichtigung der durch sie ermöglichten Steuerersparnis in der Kapitalbasis der Investition zu berücksichtigen. Investitionsausgaben für Grund und Boden sowie für das Umlaufvermögen der Investition werden hiervon nicht berührt. Alle anderen Investitionsausgaben jedoch, die entweder als Betriebsausgaben voll abzugsfähig sind oder linear und degressiv abgeschrieben werden können, werden mit dem um die hierdurch bewirkte Steuerersparnis gekürzten Nettowert in Ansatz gebracht. Hierzu ist es notwendig, die durch die Abschreibung bewirkte Steuerersparnis der einzelnen Jahre zu ermitteln, den Barwert dieser Zahlungsreihe auf der Basis der effektiven Rendite der Investition zu ermitteln und von den entsprechenden Investitionsausgaben abzusetzen.

   Insgesamt verringert sich hierdurch die Kapitalbasis der Investition, und ihre Rendite steigt entsprechend.

2. Bei der Entscheidung der Frage, ob eine alte bereits bestehende Anlage stillgelegt oder durch eine andere Anlage ersetzt werden soll, wäre die steuerliche Auswirkung der folgenden Kapitaldispositionen in der Kapitalbasis der Differenzinvestition, an deren Rendite sich diese Entscheidung orientiert, wie folgt zu berücksichtigen:

   Die Vorverlagerung der Abschreibungen auf den Anlagenrestwert von der Zukunft auf die Gegenwart ergibt einen steuerlichen Vorteil, um den die Kapitalbasis der Differenzinvestition erhöht werden müßte;

   Die Vorverlagerung der Abbruchkosten der alten Anlage von der Zukunft auf die Gegenwart verringert die Kapitalbasis der Differenzinvestition, jedoch nicht um den vollen Betrag dieser Ausgaben, da diese steuerlich abzugsfähig sind. Der Effekt der Vorverlagerung dieser Kosten wäre also nur mit ihrem Nettowert nach Abzug der hierauf entfallenden Steuern zu veranschlagen.

Die Erlöse aus Schrottverkäufen sind steuerpflichtiges Einkommen. Ein positiver Saldo zwischen Abbruchkosten und diesen Erlösen wird also besteuert und erhöht durch die Vorverlagerung dieses Nettosaldos von der Zukunft auf die Gegenwart entsprechend die Kapitalbasis der Differenzinvestition.

3. Die Rendite der Investition wird nach Steuern berechnet, d. h. auf die Spanne zwischen Betriebsausgaben und Betriebseinnahmen aus der Investition wird der Gewinnsteuersatz angewandt. Da die effektive Steuerersparnis, die durch die Abschreibung bewirkt wird, schon in der Kapitalbasis der Differenzinvestition berücksichtigt ist, darf hier bei der Ermittlung des Einnahmenüberschusses nicht diese Steuerersparnis nochmals berücksichtigt werden. Andererseits ist es aber auch möglich, diese Steuerersparnis im Einnahmenüberschuß zu berücksichtigen: die Einnahmen aus der Investition werden in zwei Teile: Gewinn und Abschreibung zerlegt, auf den Gewinn wird der Steuersatz angewandt, die Abschreibungen werden brutto = netto vereinnahmt. In diesem Fall darf die Kapitalbasis der Investition nicht um den entsprechenden Steuervorteil aus den Abschreibungen berichtigt werden.

   Erzielt die Investition steuerfreie Einnahmen oder ist es möglich, einen Teil der Einnahmen aus der Investition in einer steuerfreien Form anfallen zu lassen, so sollten diese Einnahmen durch Anwendung des betreffenden Steuersatzes auf die entsprechenden Beträge vor Steuern umgerechnet und den Betriebsausgaben gegenübergestellt werden. Auf die Differenz beider Größen wäre dann wieder der Steuersatz anzuwenden, um auf die Rendite der Investition nach Steuern zu kommen.

Wie auch immer gerechnet wird — an den Ergebnissen einer Investitionsrechnung nach Steuern werden wohl immer beträchtliche Zweifel bestehen bleiben, weil hier viele Annahmen gemacht werden müssen, beispielsweise über die Steuerpolitik der Gesellschaft, ihre Ertragslage, ihre Dividenden- und Sozialpolitik, die mit der einzelnen Investition nichts zu tun haben. Im Bereich der Gewinnverwendung — hierzu gehört die Steuerpolitik — muß mit anderen Maßstäben gemessen, auf Grund anderer Kriterien geurteilt werden als in dem Gebiet der Gewinnerzielung, in dem die Investitionsrechnung ihren Standort hat. Besonders problematisch wird die Rechnung mit Gewinnsteuersätzen bei den vielen

Investitionen, die keinen Gewinn bringen, sondern aus ihrer Kostenersparnis gerechtfertigt werden.

f) Investitionsrechnung und Betriebsabrechnung

Die Investitionsrechnung weicht von der Betriebsabrechnung in folgender Hinsicht ab:

sie erfaßt nur künftige Kosten und Erträge;
sie erfaßt nur geldwirksame Kosten und Erträge;
sie erfaßt in den Kosten keine Gewinnbestandteile;
sie erfaßt grundsätzlich nur die marginalen Kosten einer Investition.

(1) *Erfassung künftiger Kosten und Erträge*

Das bedeutet, daß wir in der Investitionsrechnung nicht von gegenwärtigen Kostensätzen, wie sie sich aus der Betriebsabrechnung oder aus anderen Aufzeichnungen der Unternehmung ergeben, ausgehen können, sondern daß wir den Trend dieser Kosten — wie auch auf der Erlösseite den Trend der Verkaufspreise — berücksichtigen müssen. Im Einzelfalle ist es möglich, in der Kombination von Trendermittlung und Einzelanalyse eine Vorstellung über die künftige Entwicklung von Kosten und Erträgen zu gewinnen. Wo die Entwicklung sehr unübersichtlich ist und große Abweichungen möglich sind, empfiehlt sich als Anlage zur Investitionsrechnung eine Ermittlung kritischer Werte auf der Kosten- oder Erlösseite, die zeigt, bis zu welcher Variation in diesen Werten die Investition für die Unternehmung noch interessant ist. Hierdurch gewinnt der Unternehmer eine klare Vorstellung von dem Risiko der Investition unter diesen Bedingungen.

(2) *Eliminierung kalkulatorischer Abschreibungen und kalkulatorischer Zinsen; Kosten und Ausgaben*

Kalkulatorische Abschreibungen und kalkulatorische Zinsen müssen aus der Investitionsrechnung eliminiert werden, weil sie Bestandteile des Einnahmenüberschusses sind, der aus der Investition fließt. Die Verrechnung kalkulatorischer Abschreibungen in der Investitionsrechnung wäre falsch, weil hier der Wert des Überschusses der Einnahmen aus der Investition über die ursprünglichen Kapitalausgaben berechnet wird, also in dem Rechnungsansatz selbst die volle Wiedergewinnung des investierten Kapitals bereits berücksichtigt ist. Die Verrechnung kalkulatorischer Zinsen und anderer kalkulatorischer Positionen, die Gewinnbestandteile sind, wäre falsch, weil die Investitionsrechnung auf die

Ermittlung der Kapitalrendite der Investition abzielt und daher in den Aufwendungen selbst keine Kapitalzinsen oder andere Bestandteile der Kapitalrendite enthalten darf.

Schließlich darf die Investitionsrechnung Kosten nur insoweit berücksichtigen, als sie ausgabewirksam sind, weil die Investitionsrechnung eine Rechnung der Kapitaldisposition ist und über Kapital nur durch Ausgaben, nicht aber durch buchhalterische Verrechnungen disponiert wird.

Hieraus ergibt sich für die drei großen Bereiche, in denen bei der Investitionsrechnung Kosten erfaßt werden, folgendes:

KOSTEN DER ANSCHAFFUNG EINER INVESTITION

Diese Kosten werden in der Investitionsrechnung quartalsweise erfaßt. Im einzelnen kann dabei mit großer Genauigkeit vorausgeschätzt werden, ob sich Kosten und Ausgaben in den einzelnen Quartalen wesentlich unterscheiden. Ausgangspunkt hierfür sind die Zahlungsbedingungen, die mit den Zulieferern zur Investition vereinbart werden. Die Unterscheidung zwischen Kosten und Ausgaben wirft also bei Fremdbezug keine Probleme auf.

Bei Eigenerstellung ist grundsätzlich davon auszugehen, daß die aufgewandten Kosten in der Periode, in der sie aufgewandt werden, zu Ausgaben werden. Werden in den Herstellkosten bei Selbsterstellung kalkulatorische Abschreibungen und Zinsen verrechnet, so sind diese wieder zu eliminieren. Hierfür gilt das für die Betriebskosten der Investition Gesagte analog.

BETRIEBSKOSTEN DER INVESTITION — URSPRÜNGLICHE KOSTENARTEN

In der Investitionsrechnung werden diese Kosten auf jährlicher Basis erfaßt. Daher kann davon ausgegangen werden, daß Kosten und Ausgaben innerhalb dieser Periode übereinstimmen. Bei der von uns vorgeschlagenen Barwertrechnung der Investition gehen wir von kontinuierlichen Ausgabereihen in den einzelnen Rechnungszeiträumen aus, um dadurch zum Ausdruck zu bringen, daß die genauen Zahlungstermine der ursprünglichen Kosten im Verlaufe eines Jahres unbekannt sind. Selbst wenn genaue Zahlungsfälligkeiten einzelner Kostenarten bekannt sind, lohnt es sich in der Regel nicht, diese in die Investitionsrechnung einzusetzen; Arbeitsaufwand und Ergebnis stehen hier in einem sehr ungünstigen Verhältnis.

Zu den ursprünglichen Betriebskosten der Investition gehören auch die kalkulatorischen Abschreibungen und Zinsen; diese werden nicht in die

Investitionsrechnung einbezogen, d. h. entweder werden sie nicht in den Betriebskosten zum Ansatz gebracht, oder sie werden dem Ergebnis der Investition wieder zugeschlagen.

BETRIEBSKOSTEN DER INVESTITION — ABGELEITETE KOSTEN

Werden in der Betriebsabrechnung kalkulatorische Abschreibungen und Zinsen verrechnet, so sind diese Kostenarten auch in den abgeleiteten Kosten der Unternehmung enthalten. Abgeleitete Kosten entstehen durch die Transformation ursprünglicher Kostenarten im Zuge der betrieblichen Leistungserstellung dadurch beispielsweise, daß Löhne und Materialkosten in Reparaturleistungen umgewandelt und als Reparaturkosten auf Kostenstellen verrechnet werden.

Die in diesen abgeleiteten Kostenarten enthaltenen kalkulatorischen Abschreibungen müssen aus diesen abgeleiteten Kostenarten wieder eliminiert werden. Das geschieht durch die Aufschlüsselung dieser abgeleiteten Kosten auf die in ihnen enthaltenen ursprünglichen Kostenarten (Urfaktorenzerlegung), ein Unternehmen, das in leistungsmäßig sehr verflochtenen Betrieben nur mit Hilfe mathematischer Methoden möglich ist.

Werden diese Kosten in den Betriebskosten der Investition — wie es zweckmäßig ist — zunächst vollständig erfaßt, so muß dann der in ihnen enthaltene kalkulatorische Bestandteil — aufgeteilt in seine fixen und proportionalen Elemente — wieder ausgegliedert und von den Betriebskosten abgesetzt werden. Die hier gegebenen Beispiele zeigen die Ergebnisse einer solchen Rechnungstechnik.

(3) *Erfassung marginaler Kosten*

In der Investitionsrechnung sollten nur die Kosten erfaßt werden, welche durch die neue Investition in der Unternehmung zusätzlich hervorgerufen werden. Eine Erfassung dieser marginalen Kosten ist aber bei Investitionen, die im Leistungsverbund erfolgen, praktisch nicht möglich. Fast alle in die Betriebskosten der Investition eingehenden Kostenarten — einschließlich der Herstellkosten — enthalten hier mehr oder weniger große residuale Bestandteile, also Kosten, die auch ohne die neue Investition in der Unternehmung anfallen würden. Nur dort, wo die Investition außerhalb eines Leistungsverbundes erfolgt, können die zusätzlich durch sie hervorgerufenen Kosten echt berechnet werden; und nur hier können die Grenzkosten in die Investitionsrechnung einbezogen werden. Sonst ist in der Investitionsrechnung mit Kostensätzen zu rechnen, die aus der betrieblichen Erfahrung unter Berücksichtigung der künftigen Entwicklung gewonnen werden und in denen sich marginale und residuale Bestandteile mischen.

Theoretisch ist hiergegen einzuwenden, daß auf diese Weise die neue Investition Bestandteile fixer Kosten trägt, die sie nicht verursacht hat, die also auch ohne sie in der Unternehmung anfallen würden. Praktisch kann dieses Vorgehen dennoch gerechtfertigt werden, weil die neue Investition auch die diesen Kosten entsprechende Leistung in Anspruch nimmt und daher im Leistungsverbund der Unternehmung nicht nur mit Kosten belastet wird, die sie nicht verursacht hat, sondern auch Leistungen erhält, die sie ohne diesen Leistungsverbund genauso, wenn nicht teurer, von Fremden beziehen müßte.

Die marginale Betrachtungsweise ist eine theoretische Fiktion, die nicht nur in der praktischen Durchführung ihre Grenzen hat, sondern auch bei unkritischer Anwendung leicht zu Extremen führt.

g) Erträge und Kostenersparnis

Erträge und Kostenersparnis sind die beiden Quellen, aus denen sich die Rendite einer Investition ableitet.

Einen Ertrag gibt es nur bei Investitionen, die eine Verkaufsleistung herstellen. Hier ist es Aufgabe des Verkaufs, Mengen und Preise der absetzbaren Leistung vorauszuschätzen. Ohne eine solche Vorausschätzung ist eine Investitionsrechnung für diese Investition nicht möglich. Auch kann der Verkauf von der Produktion nur dann ein ausreichendes Leistungsangebot erwarten, wenn er rechtzeitig seine langfristigen Verkaufsziele bekanntgibt. Von einem Verkauf, der sich zu einer langfristigen Absatzvorausschätzung außerstande erklärt, kann auch nicht eine aktive Verkaufspolitik erwartet werden. Eine aktive Verkaufspolitik ist aber für jede Unternehmung von wesentlicher Bedeutung. Daher müssen die hier mitunter anzutreffenden Schwierigkeiten überwunden werden; nicht nur im Interesse der Investitionsrechnung, vielmehr noch im Interesse der gesamten Unternehmung.

Mit der Schätzung der Verkaufsleistung sind auch die damit in Zusammenhang stehenden Kosten des Umsatzes vorauszuschätzen.

Die Kostenersparnis ergibt sich aus dem vergleichsweisen Kostenvorteil der neuen Investition im Verhältnis zu einer alten, die sie ersetzen soll. Die Bestimmung dieser Kostenersparnis berührt unmittelbar das Ersatzproblem und soll daher in diesem Zusammenhang behandelt werden.

BEISPIEL 21: VORAUSSCHÄTZUNG DER UMGESETZTEN LEISTUNG UND DER KOSTEN DES UMSATZES

Jahr ab Produktionsbeginn	1	2	3	4	5—10
Verkaufsmenge/Einheiten	3 000	7 000	10 000	10 000	10 000
Verkaufserlös netto/Einheit ..	56,80	55,—	50,—	48,—	46,—
Verkaufserlös	170 400	385 000	500 000	480 000	460 000
Provision 1% vom Umsatzwert	1 700	3 900	5 000	4 800	4 600
Umsatzsteuer einschl. AV und AHV 2% vom Umsatzwert ..	3 400	7 800	10 000	9 600	9 200
Packmittel 1,— DM/Einheit ..	3 000	7 000	10 000	10 000	10 000
Versandkosten 2,— DM/Einheit	6 000	14 000	20 000	20 000	20 000
Kosten des Umsatzes	14 100	32 700	45 000	44 400	43 800
Erlös für die Produktion	156 300	352 300	455 000	435 600	416 200

h) Zusammenfassung

Die Ergebnisse dieses Teiles werden in dem folgenden praktischen Beispiel zusammengefaßt.

BEISPIEL 22: INVESTITIONSRECHNUNG BEI EINER NEUEN INVESTITION

Abteilung:	Betrieb:	Investitionsausgaben in 1 000 DM	
Projektnr.:	Kostenstellennr.:	Anlagevermögen	475
	Inbetriebnahme:	Umlaufvermögen	255
Projektbezeichnung:		Indirekt	30
Anlage zur Herstellung von 10 000 Einheiten Produkt A		Abzugsposten	—25
		Gesamt	735

I. Daten der Investitionsrechnung

1. Umgesetzte Leistung

Jahr[1]	Menge/E	Verkaufserlöse/E
1	3 000	56,80
2	7 000	55,—
3	10 000	50,—
4		48,—
5—10		46,—

Quelle: Schätzung der Verkaufsabteilung A vom ...... (Anlage 1)[2]

2. Kosten des Umsatzes

Zusammenstellung s. oben

Umsatzsteuer einschl. AV und AHV gleichbleibend — 2% v. Umsatz

Umsatzsteuerstatistik für Produkt A (Anlage 2)

[1] Gerechnet ab Inbetriebnahme.

[2] Die Anlagen sind hier nicht aufgeführt; zum Teil sind sie im vorangegangenen Text behandelt worden.

Provision gleichbleibend	1% v. Umsatz	Schätzung Verkaufsabteilung A (Anlage 1)
Packmittel je versandte E	DM 1,—	Schätzung der Speditionsabteilung (Anlage 3)
Versandkosten je versandte E	DM 2,—	

3. Herstellkosten

Gesamtkosten:		
Fixe Kosten p. a.	DM 73 025,—	Schätzung der Produktionsabteilung und Investitionsbüro v. .... (Anlage 4) (s. S. 67)
Proportionale Kosten je E	DM 19,074	
Ausgabewirksame Kosten:		
Fixe Kosten p. a.	DM 40 300,—	Aufgliederung der gesamten Kosten lt. Abteilung Rechnungswesen v....... (Anlage 5)
Proportionale Kosten je E	DM 15,214	

4. Andere Kosten

Kosten des Vertriebsbereichs	4,5% auf Kapitalausgaben	lt. Aufstellung Betriebsabrechnung v. .... (Anlage 6) (s. S. 75)
Forschungs- u. Entwicklungskosten	2,1% auf Kapitalausgaben	lt. Aufstellung Betriebsabrechnung v. .... (Anlage 7) (s. S. 77)
Zentralverwaltungskosten u. übrige Kosten	1,7% auf Kapitalausgaben	lt. Aufstellung Betriebsabrechnung v. .... (Anlage 8) s. S. 78)
	8,3% auf Kapitalausgaben	

5. Investitionsausgaben — Zusammenstellung s. S. 52

Quartale[1]	DM
— V	19 320
— IV	53 470
— III	72 110
— II	114 800
— I	145 200
I	85 700
II	65 300
III	9 100
IV	—
V	80 000
Ende des 2. Jahres	90 000
	735 000

6. Wirtschaftliche Lebensdauer 10 Jahre (= technische Nutzungsdauer)

[1] vor Inbetriebnahme —, nach Inbetriebnahme +.

Abteilung: .... Betrieb: .... Projektnr.: .... Kostenstellennr.: .... Inbetriebnahme: .... Projektbezeichnung: Anlage zur Herstellung von 10 000 Einheiten Produkt A	Investitionsausgaben in 1 000 DM Anlagevermögen 475 Umlaufvermögen 255 Indirekt 30 Abzugsposten —25 Gesamt 735

II. Ermittlung des Einnahmenüberschusses (in 1 000 DM)

Jahr	1	2	3	4	5—10
Produktion/Einheiten	3 000	7 000	10 000	10 000	10 000
Verkaufserlös netto	170,4	385,0	500,0	480,0	460,0
Kosten des Umsatzes	14,1	32,7	45,0	44,4	43,8
Erlös für Produktion	156,3	352,3	455,0	435,6	416,2
Herstellkosten	85,9	146,8	192,4	192,4	192,4
Kosten des Vertriebs .... Entwicklungskosten .... Zentralverwaltung, sonstige ..	61,0	61,0	61,0	61,0	61,0
Einnahmenüberschuß	9,4	144,5	201,6	182,2	162,8

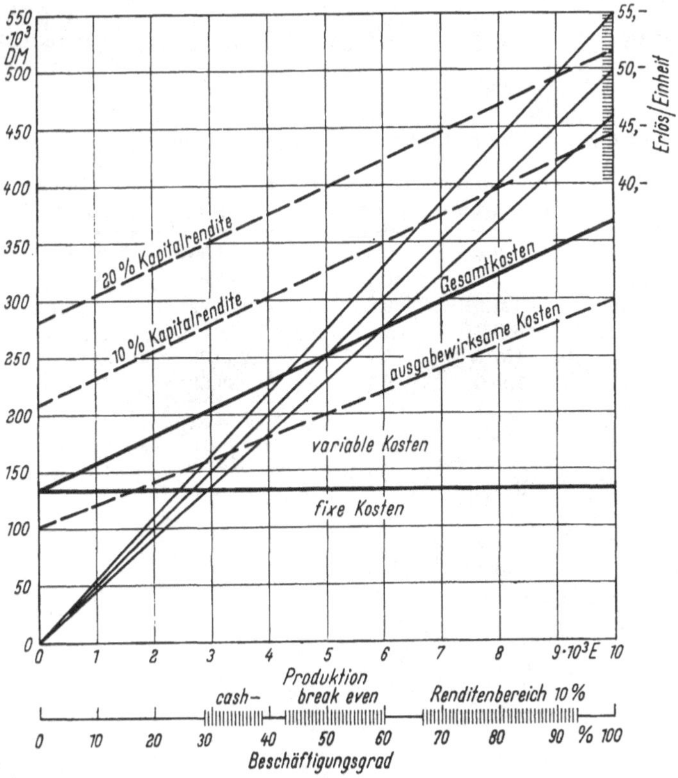

Abteilung: .... Betrieb: .... Projektnr.: .... Kostenstellennr.: .... Inbetriebnahme: .... Projektbezeichnung: Anlage zur Herstellung von 10 000 Einheiten Produkt A	Investitionsausgaben in 1 000 DM Anlagevermögen 475 Umlaufvermögen 255 Indirekt 30 Abzugsposten —25 Gesamt 735

III. Investitionsrendite

Barwert der Investitionsausgaben (in 1 000 DM)

Quartal	Investitions-ausgaben	Barwert zu 18% Faktor	Barwert zu 18% Barwert	Barwert zu 16% Faktor	Barwert zu 16% Barwert
—V	19,3	1,2245	23,63	1,1973	23,11
—IV	53,5	1,1706	62,63	1,1504	61,55
—III	72,1	1,1191	80,69	1,1053	79,69
—II	114,8	1,0698	122,81	1,0619	121,91
—I	145,2	1,0228	148,51	1,0203	148,15
I	85,7	0,9778	83,80	0,9803	84.01
II	65,3	0,9347	61,04	0,9418	61,50
III	9,1	0,8937	8,13	0,9049	8,23
IV	—	—	—	—	—
V	80,0	0,8167	65,34	0,8354	66,83
VIII	90,0	0,7136	64,22	0,7409	66,68
	735,0		720,80		721,66

Barwert des Einnahmenüberschusses (in 1 000 DM)

Jahr	Einnahmen-überschuß	Barwert zu 18% Faktor	Barwert zu 18% Barwert	Barwert zu 16% Faktor	Barwert zu 16% Barwert
1	9,4	0,9152	8,60	0,9241	8,69
2	144,5	0,7644	110,46	0,7875	113,79
3	201,6	0,6385	128,72	0,6710	135,27
4	182,2	0,5333	97,17	0,5718	104,18
5—10	162,8	0,2977	290,79	0,3388	330,94
11	255,0	0,1513	38,58	0,1866	47,58
	1 769,5		674,32		740,45
	Quotient:		1,069		0,975
	Rendite:		16,5%		

4. Wirtschaftliche Lebensdauer, Ersatzproblem und Großreparatur

a) Die Bedeutung der wirtschaftlichen Lebensdauer

Die Festlegung der wirtschaftlichen Lebensdauer einer Anlage ist für die Investitionsrechnung deswegen von Bedeutung, weil in der Investitionsrechnung der wirtschaftliche Wert der Anlage aus den durch sie bewirkten Strömen von Ausgaben und Einnahmen während ihrer wirtschaftlichen Lebensdauer bestimmt werden soll. Bevor also mit der Investitionsrechnung begonnen werden kann, müssen wir wissen, auf welchen Zeitraum diese Rechnung sich erstrecken soll.

Die Bestimmung der wirtschaftlichen Lebensdauer einer Anlage ist schwierig, weil die wirtschaftliche Lebensdauer nicht absolut, sondern nur komparativ bestimmt werden kann. Die Bestimmung der wirtschaftlichen Lebensdauer einer Anlage beruht auf dem Grundsatz, daß eine Anlage wirtschaftlich nur so lange in Betrieb gehalten werden kann, als sie wirtschaftlicher ist als die nächstbeste Alternative, die an ihre Stelle treten könnte. Zu dem Zeitpunkt, in dem die Investitionsentscheidung fällt, sind die Alternativen, von denen die wirtschaftliche Lebensdauer der Investition tatsächlich begrenzt wird, nur unvollkommen sichtbar. Das ist ein typisches Risiko der Investitionsentscheidung und eine Ursache mancher Fehlinvestitionen. Dieses Risiko ist aber nicht vermeidbar, weil zu dem Zeitpunkt, in dem die Investitionsentscheidung fällt, noch nicht die Voraussicht vorausgesetzt werden kann, wie sie 10 Jahre nach Betrieb der Anlage gegeben sein wird.

Die wirtschaftliche Lebensdauer einer Anlage wird begrenzt durch die bessere Alternative, die sie ersetzen kann. Hier bestehen grundsätzlich drei Möglichkeiten:

1. Die erste Alternative, die sich zur Begrenzung der wirtschaftlichen Lebensdauer einer Anlage anbietet, ist die Einstellung ihres Betriebes und der Verzicht auf die durch sie erbrachten Leistungen.

   Zu vergleichen sind hier die Einnahmen und Ausgaben der Unternehmung bei Weiterbetrieb der Anlage mit den Einnahmen und Ausgaben bei Einstellung ihres Betriebes. Zu wählen ist die Alternative, welche den größeren Einnahmenüberschuß oder den geringeren Ausgabenüberschuß aufweist.

2. Die zweite Alternative zur Bestimmung der wirtschaftlichen Lebensdauer einer Anlage ist der Ersatz durch eine andere Anlage.

Zu vergleichen sind hier die Einnahmen und Ausgaben der Unternehmung bei Weiterbetrieb der alten Anlage mit den Einnahmen und Ausgaben bei Vornahme des Anlagenersatzes.
Anlagenersatz erfordert Kapitaleinsatz. Daher entscheidet in diesem Falle nicht die absolute Differenz der respektiven Ströme von Einnahmen und Ausgaben; vielmehr muß die Ersatzinvestition auf ihren Kapitaleinsatz die Mindestrendite bringen, die von der Unternehmungsleitung den Investitionen vorgegeben wird. Solange diese Mindestrendite nicht erreicht wird, bleibt die alte Anlage in Betrieb. Die Entscheidung über den Anlagenersatz ist also abhängig von der Höhe der vorgegebenen Mindestrendite.

3. Die dritte Alternative zur Bestimmung der wirtschaftlichen Lebensdauer ist die Verbesserung der Leistungsfähigkeit der alten Anlage durch weiteren Kapitaleinsatz. Hierdurch kann die wirtschaftliche Lebensdauer der alten Anlage verlängert, oder ihre Verkürzung durch eine mögliche Ersatzinvestition ausgeglichen werden.
Zu vergleichen ist hier der cash flow der alten Anlage ohne weiteren Kapitaleinsatz mit dem cash flow der alten Anlage bei weiterem Kapitaleinsatz. Der neue Kapitaleinsatz ist dann gerechtfertigt, wenn sich aus dem durch ihn bewirkten cash flow die vorgegebene Mindestrendite auf diesen Kapitaleinsatz ergibt.
Besteht die Möglichkeit einer Ersatzinvestition, so ist von den beiden Alternativen:
Großreparatur der alten Anlage
Ersatzinvestition
diejenige zu wählen, welche die höchste Rendite auf den neuen Kapitaleinsatz bringt, vorausgesetzt, daß diese Rendite die vorgegebende Mindestrendite erreicht. Sonst wird die alte Anlage unverändert weiterbetrieben.

Im folgenden sollen diese drei Alternativen zur Bestimmung der wirtschaftlichen Lebensdauer einer Anlage behandelt werden.

b) Die Bestimmung der wirtschaftlichen Lebensdauer einer Anlage

Die Bestimmung der wirtschaftlichen Lebensdauer einer Anlage beantwortet die Frage, für welchen Zeitraum, gerechnet ab Inbetriebnahme, der Barwert des Einnahmenüberschusses der Investition berechnet werden soll.
Hierfür gelten 4 Regeln, die je nach den Besonderheiten des Einzelfalles Anwendung finden:

1. Die Anlage wird so lange in Betrieb gehalten, wie sie einen Einnahmenüberschuß, gleich in welcher Höhe, aufweist;

2. die wirtschaftliche Lebensdauer wird der technischen Nutzungsdauer der Anlage gleichgesetzt;
3. die wirtschaftliche Lebensdauer wird von einer wirtschaftlich besseren Ersatzinvestition bestimmt;
4. die Anlage wird so lange in Betrieb gehalten, wie sie betriebsnotwendig ist.

(1) *Bestimmung der wirtschaftlichen Lebensdauer durch den Einnahmenüberschuß*

Von dem Fall der Ersatzinvestition abgesehen, muß — unter wirtschaftlichen Gesichtspunkten — eine einmal investierte Anlage so lange in Betrieb gehalten werden, als sie einen Einnahmenüberschuß, gleich in welcher Höhe, abwirft. Wenn Kapital erst investiert ist, ist es wirtschaftlich, die Investition so lange aufrecht zu erhalten, als sie noch einen geldmäßigen Überschuß erbringt; während wir also an die Kapitalinvestition selbst (ex ante) die Forderung einer Mindestrendite stellen müssen, kann die Aufrechterhaltung der Investition nur von dem komparativen Vorteil bestimmt werden, der bei Weiterbetrieb der Anlage im Gegensatz zu ihrer Stillegung besteht.

Wird die Anlage nicht weiterbetrieben, so ist es möglich, die gesamte zu ihrem Betrieb benötigte Betriebsbereitschaft abzubauen. Die Unternehmung erhält zwar keine Einnahmen mehr, braucht aber auch keine Ausgaben mehr aufzuwenden. Daher ist die Anlage dann stillzulegen, wenn nicht mehr zu erwarten ist, daß sie einen Einnahmenüberschuß abwirft. Denn dann kann aus dem Weiterbetrieb der Anlage kein Beitrag mehr, sei es zur Rendite, sei es zur Wiedergewinnung des investierten Kapitals, erwartet werden; im Gegenteil würden der Unternehmung Ausgaben entstehen, die sie bei Stillegung der Anlage vermeiden könnte.

Dieser Vergleich von Einnahmen und Ausgaben setzt voraus, daß der Anlage selbständige Erträge zugerechnet werden können. Können der Anlage keine Einnahmen zugerechnet werden, so muß ihr Nutzen für die Unternehmung an der nächstbesten Alternative zur Erstellung derselben Leistung gemessen werden. Die Messung des Nutzens in dieser Weise setzt voraus, daß die Leistung für die Unternehmung betriebsnotwendig ist. Denn Kostenaufwand — gleich in welcher Alternative — kann eine Investition nicht rechtfertigen. Die Betriebsnotwendigkeit, wie sie sich beispielsweise aus dem leistungsmäßigen Verbund in der Produktion der Unternehmung ergeben kann, ist Voraussetzung für die Gültigkeit dieses Kostenvergleichs. Diese Betriebsnotwendigkeit muß daher hier besonders kritisch geprüft werden. Unter dieser Voraussetzung wird die wirtschaftliche Lebensdauer der Investition durch den Zeitraum begrenzt, innerhalb dessen die Differenzinvestition der nächstbesten Alternative nicht die von der Unternehmung geforderte Mindestrendite erreicht[1]. Das bedeutet, daß in den Fällen, in denen einer betriebsnotwendigen Anlage selbständige Erträge nicht zugerechnet werden können, die wirtschaftliche Lebensdauer der Anlage nur im Vergleich zu einer möglichen Ersatzinvestition bestimmt werden kann, nicht durch den cash flow der Investition als solchen. Daher muß hier bei der Bestimmung der wirtschaftlichen Lebensdauer von der technischen Nutzungsdauer der Investition ausgegangen werden. Denn im Zeitpunkt der Investition ist in der Regel noch nicht zu übersehen, ob die Anlage infolge einer günstigeren Ersatzinvestition vor Ablauf ihrer technischen Nutzungsdauer ausscheidet.

Bei der Bestimmung der wirtschaftlichen Lebensdauer einer Anlage wären auch die Stillstandskosten und die Verminderung eines möglichen Veräußerungswertes der Anlage zu berücksichtigen. In der Regel wird sich jedoch weder der eine noch der andere Wert bei der Investitionsentscheidung mit genügender Sicherheit vorhersehen lassen, so daß diese Werte nicht bei der Bestimmung der wirtschaftlichen Lebensdauer der Anlage in Rechnung gestellt werden können. Für den Fall, daß eine solche Voraussicht gegeben ist, sind drei Regeln anzuwenden:

1. Verursacht die Stillegung der Anlage laufende Stillstandskosten oder Unterhaltungskosten — beispielsweise Stillegung eines Schachtes eines Bergwerks —, so wird hierdurch die wirtschaftliche Lebensdauer der Anlage verlängert:
   Die Stillegung erfolgt nicht mehr an dem Zeitpunkt, von dem ab keine Einnahmenüberschüsse aus dem Betrieb der Anlage mehr erwartet werden können, sondern erst dann, wenn der Verlust der Unternehmung bei weiterem Betrieb der Anlage so groß ist wie die laufenden Stillstandskosten bei ihrer Außerbetriebnahme. Denn erst der Verlust, der über diesen Betrag hinausgeht, kann von der Unternehmung durch Stillegung der Anlage gespart werden.
2. Verursacht die Stillegung der Anlage einmalige Stillstandskosten oder Abbruchkosten, so wird hierdurch die wirtschaftliche Lebensdauer der Anlage nicht berührt. Denn diese Kosten kann die Unternehmung durch vorzeitige Einstellung des Betriebes der Anlage wie auch durch Weiterbetrieb nicht sparen. Die Stillegung erfolgt hier also dann, wenn die Anlage keinen Einnahmenüberschuß mehr aufweist, der einen Beitrag zur Wiedergewinnung der Investition oder zu ihrer Rendite bringen kann. Variieren die Stillstandskosten mit der Lebensdauer der Anlage, so sind die Differenzen in diesen Kosten

[1] Daneben ist in diesem Zusammenhang auch die Konkurrenz zu einem möglichen Fremdbezug zu berücksichtigen.

während der einzelnen Perioden der Lebensdauer als Ausgabe bzw. Einnahme in die Investitionsrechnung einzusetzen. Dieser Fall hat aber wohl kaum praktische Bedeutung.

3. Sinkt der Veräußerungswert der Anlage in einem vorhersehbaren Maße gegen Ende der wirtschaftlichen Lebensdauer der Anlage ab, so ist dieser Verlust als Verringerung des Einnahmenüberschusses in der Investitionsrechnung zu berücksichtigen. Ein Abfall des Veräußerungswertes der alten Anlage verkürzt so ihre wirtschaftliche Lebensdauer, da die Kalkulation des hierdurch bewirkten Einnahmenentganges zu einer Verringerung des Einnahmenüberschusses aus der Investition führt.

Die Regel ist aber doch wohl, daß bei der Investitionsentscheidung die möglichen Stillstandskosten einer Anlage und die Verminderung ihres Veräußerungswertes nicht mit einer so großen Genauigkeit vorhersehbar sind, daß bei der Bestimmung der wirtschaftlichen Lebensdauer der Anlage (ex ante) diesen Faktoren Rechnung getragen werden kann.
Demnach ist die wirtschaftliche Lebensdauer der Anlage durch den Zeitraum bestimmt, innerhalb dessen sie einen Einnahmenüberschuß aufweist.
In einigen Fällen kann diese Regel zur Bestimmung der wirtschaftlichen Lebensdauer einer Anlage schon ausreichen. Dann nämlich, wenn nach den in die Investitionsrechnung eingehenden Daten vorausgesehen werden kann, wann dieser Zeitpunkt eintritt, an dem die Linie der Einnahmen die der Ausgaben schneidet. Das kann der Fall sein bei Investitionen, die mehr Umsatz in Produkten bringen, die einem sehr starken Erlösverfall ausgesetzt sind, bei Investitionen, bei denen mit erheblichen Kostensteigerungen während ihrer Lebensdauer gerechnet werden muß oder bei Investitionen, die an ein Produkt gebunden sind, das selbst nur eine begrenzte Lebensdauer hat, beispielsweise Spezialwerkzeuge für einen bestimmten Automobiltyp. In allen diesen Fällen ist die Bestimmung der wirtschaftlichen Lebensdauer aus den Daten der Investitionsrechnung selbst möglich, weil die Linie der Einnahmen und der Ausgaben sich innerhalb eines Zeitraumes schneiden, der in der Investitionsrechnung vorhergesehen werden kann.
In der Mehrzahl der Fälle wird aber die Bestimmung der wirtschaftlichen Lebensdauer auf diese Weise nicht möglich sein, weil — je mehr sich die Investitionsrechnung in die Zukunft erstreckt — die Vorausschätzungen immer unsicherer werden und damit die Basis für die Vorausschätzung wesentlicher Änderungen in Einnahmen und Ausgaben bzw. Erträgen (Kostenersparnis) und Kosten fehlt. Je mehr die Investitionsrechnung in die Zukunft reicht, um so globaler müssen ihre Prognosen werden. Da es sehr schwer ist, detaillierte Prognosen über die Entwicklung von Kosten und Erlösen zu machen, die über einen Zeitraum von 5 Jahren

nach Inbetriebnahme der Investition hinausgehen, wird es in der Regel so sein, daß für die darüber hinausgehenden Zeiträume nur mit einem bestimmten Niveau auf der Einnahmen- und Ausgabenseite der Investition gerechnet werden kann, das die Unternehmung in diesen Zeiträumen zu halten hofft. Eine derartige Investitionsrechnung bietet naturgemäß keinen Ansatzpunkt mehr zur Bestimmung der wirtschaftlichen Lebensdauer einer Anlage, weil hier der Trend auf der Ausgaben- und Einnahmenseite fehlt, aus dem sich ein Schnittpunkt beider Kurven von Einnahmen und Ausgaben ergeben könnte.

Auch bei Investitionen, denen nur Kosten aber keine Erträge zugerechnet werden können, ist die Bestimmung der wirtschaftlichen Lebensdauer auf diese Weise nicht möglich.

In der Regel wird es wohl in der Praxis so sein, daß die wirtschaftliche Lebensdauer einer Anlage nicht primär nach dem Verhältnis von Ausgaben- und Einnahmenreihen bestimmt werden kann. Aber selbst dann, wenn hierzu andere Wege beschritten werden müssen, ist eine Prüfung der so gewonnenen Ergebnisse durch die Investitionsrechnung unerläßlich, da sonst schwere Fehler nicht zu vermeiden sind.

(2) *Bestimmung der wirtschaftlichen Lebensdauer durch die technische Nutzungsdauer*

Die technische Nutzungsdauer einer Anlage ist eine Hilfsgröße, derer wir uns zur Bestimmung der wirtschaftlichen Lebensdauer einer Anlage bedienen können.

Die unkritische Gleichsetzung von technischer Nutzungsdauer und wirtschaftlicher Lebensdauer muß zu Fehlinvestitionen führen und ist daher abzulehnen. Die technische Nutzungsdauer einer Anlage ist zwar die Basis ihrer wirtschaftlichen Lebensdauer, aber nicht mit ihr gleichzusetzen. Aus vielen Ursachen kann die wirtschaftliche Lebensdauer kürzer als die technische Nutzungsdauer einer Anlage sein, und ist sie es, so ist die technische Nutzungsdauer für die Investitionsrechnung ohne Bedeutung. So kann es beispielsweise sein, daß eine Spezialmaschine zur Erzeugung eines bestimmten Produktes eine technische Nutzungsdauer von 10 Jahren hat. Hat aber der hergestellte Artikel nur noch eine wirtschaftliche Nutzungsdauer von 3 Jahren, so kann auch die Spezialmaschine keine längere wirtschaftliche Lebensdauer haben. Veränderungen in der Produktionstechnik, in der Rohstoffbasis der Produktion wie auch in den erzeugten Produkten verursachen Diskrepanzen zwischen technischer und wirtschaftlicher Lebensdauer einer Investition. Daher ist es dann, wenn wir von der technischen Nutzungsdauer bei der Bestimmung der wirtschaftlichen Lebensdauer einer Investition ausgehen, unbedingt notwendig, auf Grund des cash flow der Investition zu prüfen, inwieweit ein solches Vorgehen gerechtfertigt ist. Denn in dem cash flow der Investition müssen alle Komponenten, welche die wirtschaftliche Lebensdauer einer Investition bestimmen, zum Ausdruck kommen. Das Ausgehen von der technischen Nutzungsdauer ist also nur dann zulässig — und dann allerdings notwendig — wenn in der Investitionsrechnung selbst keine Angaben gemacht werden können, die zu einem Schnittpunkt in den Reihen der laufenden Einnahmen und Ausgaben aus der Investition führen. In diesem Falle ist der cash flow auf der Basis der technischen Nutzungsdauer der Investition zu berechnen. Da derartige technische Nutzungsdauern für den überwiegenden Teil aller Anlagegegenstände einer Unternehmung bekannt sind oder in Analogie zu ähnlichen Anlagegegenständen leicht gebildet werden können, besteht hier eine ausreichende Basis für die Bestimmung der wirtschaftlichen Lebensdauer einer Investition. Wer dieses Verfahren anwendet, muß sich jedoch über seine Grenzen im klaren sein. Die technische Nutzungsdauer muß durch die Investitionsrechnung kontrolliert werden.

(3) *Bestimmung der wirtschaftlichen Lebensdauer durch die Ersatzinvestition*

Die Bestimmung der wirtschaftlichen Lebensdauer einer Anlage durch eine andere Alternative zur Erstellung derselben Leistung ist in all den Fällen besonders zu prüfen, in denen einer Anlage keine selbständigen Einnahmen zugerechnet werden können. Die Bestimmung der wirtschaftlichen Lebensdauer in dieser Weise ist aber außerordentlich schwierig, und daher ist dort, wo die Investitionsrechnung sich nur auf die Kostenseite einer Investition bezieht, in der Regel von der technischen Nutzungsdauer bei der Bestimmung der wirtschaftlichen Lebensdauer einer Anlage auszugehen.

Eine wirtschaftlich richtige Investitionsrechnung stellt an den Betriebswirt große Anforderungen. Denn es geht nicht darum, Kosten und Erlöse zu extrapolieren, sondern um eine fachgerechte Vorausschätzung der vielfältigsten Entwicklungstendenzen, welche von der Kostenseite und der Erlösseite her das wirtschaftliche Schicksal einer Anlage beeinflussen. Eine derartige Vorausschätzung ist aber notwendig, denn ohne sie ist eine wirtschaftliche Kapitalinvestition nicht möglich.

Trotz aller Anforderungen, welche an die Voraussicht der Unternehmung bei der Durchführung ihrer Investitionsrechnungen gestellt werden müssen, wird es aber in der Regel unmöglich sein, schon zu dem Zeitpunkt, in dem über die neue Investition entschieden wird, genaue Angaben über eine andere Anlage zu machen, welche diese neue Investition in einigen Jahren ersetzen kann. Das heißt, daß sich die Bestimmung der wirtschaftlichen Lebensdauer einer Investition in der Regel nicht in Konkurrenz zu einer Ersatzinvestition vollziehen wird.

Bei der Investitionsentscheidung wird die Unternehmung immer von einer Anlage ausgehen, welche für einen gegebenen Zweck die technisch und wirtschaftlich vorteilhaftesten Eigenschaften aufweist. Wenn also bereits bei der Entscheidung über die neue Investition vorausgesehen werden kann, daß eine andere Investitionsmöglichkeit in absehbarer Zeit günstiger ist, so muß der wirtschaftliche Wert dieser Alternative berechnet werden, bevor über die neue Investition entschieden wird. Und wenn es sich zeigt, daß es wirtschaftlich gerechtfertigt ist, die neue Investition durchzuführen, obwohl sie in absehbarer Zeit wirtschaftlich überholt ist, so muß bei der Investitionsrechnung, die zu dieser Entscheidung führt, von der entsprechend abgekürzten Lebensdauer der neuen Investition ausgegangen werden.

In der Regel wird aber die Konkurrenz einer möglichen Ersatzinvestition bei der Bestimmung der Lebensdauer einer neuen Investition keine Rolle spielen. Selbst wenn bei der Investitionsentscheidung der Trend der technischen Entwicklung in dem Feld, in dem investiert wird, genau geprüft werden muß, wird sich doch hieraus nur selten die konkrete Angabe ableiten lassen, daß ein Anlagenersatz in einigen Jahren wirtschaftlich gerechtfertigt ist. Selbst wenn die technische Entwicklung einen solchen Schluß zuläßt, so kommt es doch für den Anlagenersatz — unter wirtschaftlichen Gesichtspunkten — nur darauf an, ob der wirtschaftliche Wert der Differenzinvestition der Ersatzanlage die vorgegebene Höhe der Mindestrendite aufweist. Um zu dieser Feststellung zu gelangen, sind Berechnungen notwendig, deren Daten über einen so langen Zeitraum kaum zuverlässig vorausgeschätzt werden können.

Von Ausnahmefällen abgesehen ändert also die Konkurrenz einer möglichen Ersatzanlage (ex ante) nichts an der Bestimmung der wirtschaftlichen Lebensdauer einer Investition.

(4) *Bestimmung der Lebensdauer einer Anlage durch ihre Betriebsnotwendigkeit*

Die wirtschaftliche Lebensdauer bezeichnet den Zeitraum, innerhalb dessen es wirtschaftlich sinnvoll ist, eine Anlage in Betrieb zu halten. Neben wirtschaftlichen können aber auch andere Motive bei der Bestimmung der Lebensdauer der Anlage eine Rolle spielen.

Für die Investitionsrechnung kommt es aber nur auf die wirtschaftliche Lebensdauer an, weil es sich hier um eine Rechnung handelt, die sich ausschließlich im wirtschaftlichen Bereich vollzieht.

c) Bestimmung der wirtschaftlichen Lebensdauer unter Berücksichtigung einer Ersatzinvestition

Die Bestimmung der wirtschaftlichen Lebensdauer einer Anlage unter Berücksichtigung einer Ersatzinvestition beantwortet die Frage, ob eine bestehende alte Anlage in Betrieb bleiben oder durch eine neue Anlage ersetzt werden soll. Es geht also nicht um die Bestimmung der wirtschaftlichen Lebensdauer der neuen Anlage, deren Investition zur Diskussion steht; die Bestimmung dieser Lebensdauer ist bereits behandelt worden. Vielmehr geht es um das Problem, ob es wirtschaftlich gerechtfertigt ist, eine noch betriebsfähige alte Anlage vor Ablauf ihrer vorausgesehenen wirtschaftlichen Lebensdauer durch eine neue Anlage zu ersetzen.

Die Bestimmung der wirtschaftlichen Lebensdauer setzt in diesem Fall die Berechnung des komparativen Einnahmenüberschusses der neuen Anlage gegenüber der alten und deren komparative Investitionsausgaben voraus. Maßstab für die Investitionsentscheidung ist die Rendite der so bestimmten Differenzinvestition.

Für die Rechnungsmethodik ist es dabei gleichgültig, ob es sich um Investitionen handelt, denen nur Kosten zugerechnet werden, oder um solche, die selbständige Erträge ausweisen. Im ersten Fall — der wohl die Regel ist — besteht der komparative Einnahmenüberschuß nur aus der Kostendifferenz beider Anlagen; im zweiten sind auch deren Erträge zu berücksichtigen. Da die Berechnung des wirtschaftlichen Wertes der Ersatzinvestition nur für Anlagen möglich ist, deren Leistung entweder gleich ist oder rechnerisch vergleichbar gemacht werden kann, da ferner die Leistungseinheit beider Anlagen gleich bewertet werden muß, können sich von der Ertragsseite her keine wirtschaftlichen Einflüsse auf das Ersatzproblem ergeben. Es kommt also bei der Behandlung des Ersatzproblems ausschließlich auf den Kostenvergleich beider Anlagen an. Auch wenn wir lediglich die Kosten zweier Anlagen vergleichen, sprechen wir von einem Einnahmenüberschuß der neuen Anlage dann, wenn deren Kosten geringer sind als die der alten. Genau genommen handelt es sich aber nicht um einen Überschuß der Einnahmen, sondern um eine Verringerung der Ausgaben, die durch den neuen Kapitaleinsatz erkauft wird. In dieser Terminologie folgen wir der Betriebswirtschaftslehre, in der auch der Verlustentgang als Gewinn aufgefaßt wird.

Werden zwei Anlagen verglichen, die selbständige Erträge aufweisen, so handelt es sich um einen echten Einnahmenüberschuß. Die Rechnungsmethodik ist in beiden Fällen grundsätzlich gleich. Wir wollen hier nur den Fall behandeln, in dem sich der Investitionsvergleich nur auf die Kostenseite der Investition erstreckt.

Die betriebswirtschaftlichen Grundlagen der hier in Frage stehenden Alternativen sind folgende:

Wenn der Investor die alte Anlage weiterbetreibt, so verliert er den Veräußerungswert, den diese Anlage zu dem Zeitpunkt besitzt, an dem ein Ersatz möglich ist, und außerdem die Kosten der Anlage während ihrer Restlebensdauer.

Wenn der Investor die alte Anlage stillegt und statt dessen die neue in Betrieb nimmt, so gewinnt er den Veräußerungswert der alten Anlage, muß dafür aber den höheren Kapitalwert der neuen Anlage ausgeben, und außerdem verliert er die durchschnittlichen Kosten der neuen Anlage während ihrer Lebensdauer, während er die Kosten der alten Anlage während deren Restlebensdauer spart.
Es stehen sich also gegenüber:

EINNAHMEN	AUSGABEN
Veräußerungswert der alten Anlage	Investitionsausgaben der neuen Anlage
Ausgabewirksame Kosten der alten Anlage	Ausgabewirksame Kosten der neuen Anlage

Der Investor muß die Alternative wählen, bei der sein relativer Einnahmenüberschuß am höchsten ist. In dem Falle, in dem der Investition auch Erträge zugerechnet werden, ergibt sich ein echter Einnahmenüberschuß und ein effektiver Gewinn für den Investor bei der zu wählenden Alternative; können der Investition keine Erträge zugerechnet werden, so ergibt sich bei der zu wählenden Alternative ein relativer Gewinn, dessen Höhe von der Differenz der Betriebsausgaben beider Anlagen bestimmt wird.
Maßgebend für die Entscheidung des Investors ist die Rendite der Differenzinvestition, die mit einer vorgegebenen Mindestrendite verglichen werden muß. Da es sich bei der Ersatzinvestition um einen neuen Kapitaleinsatz handelt, kann nicht die bloße Differenz zwischen Einnahmen und Ausgaben in dem Falle des Weiterbetriebes der alten Anlage und im Falle des Anlagenersatzes maßgebend für die Investitionsentscheidung sein. Neuer Kapitaleinsatz ist nur dann gerechtfertigt, wenn auf ihn die vorgegebene Mindestrendite erwirtschaftet wird. Erst dann, wenn die Ersatzinvestition im Vergleich zur alten Anlage soviel günstiger ist, daß sie die Mindestrendite bringt, ist ein Ersatz wirtschaftlich gerechtfertigt.
Die Berechnung der Rendite der Investition erfolgt nach denselben Regeln, wie sie oben für die Berechnung der Investitionsrendite aufgezeigt wurde. Nur muß diese Art der Investitionsrechnung den Besonderheiten des Ersatzprozesses angepaßt werden.
Die Investitionsrechnung geht normalerweise von der Betrachtung eines isolierten Investitionsprojektes aus, dessen wirtschaftlicher Wert berechnet wird. Bei der Behandlung des Ersatzproblems hingegen müssen wir davon ausgehen, daß sich dieser Ersatzprozeß ad infinitum wiederholt, solange die von der Investition erstellte Leistung betrieblich benötigt wird. Zu vergleichen sind also nicht zwei isolierte Investitionen (die alte

Anlage und die neue Ersatzinvestition) mit verschiedenen Lebensdauern, sondern zwei unendliche Reihen von Einnahmen und Ausgaben, die gegeneinander durch die mögliche Restlebensdauer der alten Anlage zeitlich verschoben sind: die Ersatzinvestition muß in jedem Falle nach Ende der Restlebensdauer der alten Anlage erfolgen, sie kann aber auch schon vorher vorgenommen werden, wenn ein genügend hoher Einnahmenüberschuß den früheren Kapitaleinsatz wirtschaftlich rechtfertigt. Diese Besonderheiten wirken sich in der Investitionsrechnung wie folgt aus:

(1) *Einnahmenüberschuß der Ersatzinvestition*

Der Einnahmenüberschuß der Ersatzinvestition besteht aus der Differenz zweier Alternativen:

Einnahmenüberschuß bei Vornahme des Anlagenersatzes;

Einnahmenüberschuß bei Weiterbetrieb der alten Anlage.

Bringt die Ersatzinvestition keine ihr zurechenbaren Erträge, so besteht der Einnahmenüberschuß der Ersatzinvestition aus der Differenz der respektiven ausgabewirksamen Kosten in beiden Fällen.

Wenn der Investor die alte Anlage weiterbetreibt, so verliert er nicht die Kosten während ihrer gesamten Lebensdauer, sondern nur die Kosten ihrer noch zu erwartenden Restlebensdauer. Die Vergangenheit der alten Anlage ist für die Investitionsentscheidung irrelevant. Es kommt nur auf die Zukunft an. Grundlage für den Investitionsvergleich sind daher auf der Seite der alten Anlage die während ihrer Restlebensdauer während der einzelnen Jahre zu erwartenden Kosten. Besitzt die alte Anlage im Zeitpunkt eines möglichen Ersatzes einen Veräußerungswert und geht dieser bei weiterem Betrieb der Anlage verloren, so rechnet zu den Kosten der alten Anlage während ihrer Restlebensdauer auch der periodisch verteilte Verlust dieses Veräußerungswertes. Dagegen bleiben Abschreibungen auf einen vorhandenen Buchrestwert außer Ansatz.

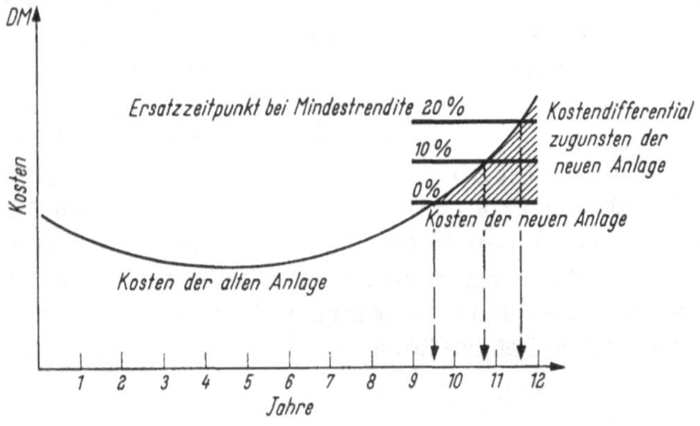

Wenn der Investor die neue Anlage an die Stelle der alten Anlage setzt, so nimmt er damit die Kosten dieser Anlage für die Restlebensdauer der alten Anlage auf sich.

Erst dann, wenn sich aus diesem Vergleich ein Überschuß ergibt, welcher dem Investor eine genügende Rendite auf den Kapitaleinsatz der Differenzinvestition sichert, ist der Ersatz der alten Anlage wirtschaftlich gerechtfertigt.

(2) *Kapitalbasis der Ersatzinvestition*

Für die Berechnung der Kapitalbasis der Ersatzinvestition ist der historische Buchwert der alten Anlage irrelevant. Denn nicht fiktive Buchwerte, sondern nur effektive Ausgaben und Einnahmen können die Kapitalbasis einer Investition darstellen.

Die Kapitalbasis der Ersatzinvestition wird aus der Gegenüberstellung zweier Alternativen gebildet:

dem Wert des Kapitaleinsatzes, den der Investor jetzt leisten müßte, wenn er den Anlagenersatz vornähme;

dem Wert des Kapitaleinsatzes, den der Investor zu einem künftigen Zeitpunkt leisten müßte, wenn der Ersatz nicht jetzt vorgenommen werden würde.

In beiden Fällen setzt sich die Kapitalbasis der Investition zusammen aus den Investitionsausgaben der neuen Anlage abzüglich des Veräußerungswertes der alten Anlage in dem Zeitpunkt des Anlagenersatzes. Alle Werte diskontiert auf die Gegenwart. Ein Veräußerungswert der neuen Anlage müßte eigentlich auch berücksichtigt werden, läßt sich aber in der Regel nicht in dem Zeitpunkt der Investition mit Sicherheit voraussehen und wird daher im allgemeinen mit ‚0' angesetzt; wir folgen diesem Vorgehen. Läßt sich der Veräußerungswert der Anlage am Ende ihrer wirtschaftlichen Lebensdauer sicher voraussehen, so ist dieser Wert auch in die Rechnung einzubeziehen.

Aus der Differenz beider Kapitalwerte wird die Kapitalbasis der Differenzinvestition gebildet als dem Kapitaleinsatz, der durch die Ersatzinvestition im gegenwärtigen Zeitpunkt hervorgerufen wird und der daher auch von dieser Investition zu verzinsen ist.

Der Prozeß des Anlagenersatzes ist ein dynamischer Prozeß; er muß also im Zeitablauf gesehen werden. Das heißt, wenn beispielsweise die alte Anlage noch eine Restlebensdauer von 5 Jahren und die neue eine Lebensdauer von 10 Jahren hat, so hat die Unternehmung die Wahl, den Kapitaleinsatz für die Ersatzinvestition entweder jetzt, im 10., im 20., im 30. usw. Jahr von heute an gerechnet vorzunehmen, oder aber noch 5 Jahre zu warten und dann denselben Kapitaleinsatz im 5., im 15., 25., 35. usw. Jahr, von heute an gerechnet, aufzuwenden. Arithmetisch ist der Kapitaleinsatz in beiden Reihen gleich; zeitlich ist er jedoch verschoben dadurch, daß bei weiterem Betrieb der alten Anlage der Kapitaleinsatz für die neue erst zu einem späteren Zeitpunkt benötigt wird. Um diese zeitliche Verschiebung zu berücksichtigen, ist es notwendig, die Barwerte beider Reihen der Investitionsausgaben zu bestimmen und aus der Differenz beider Barwerte die Kapitalbasis der Differenzinvestition abzuleiten.

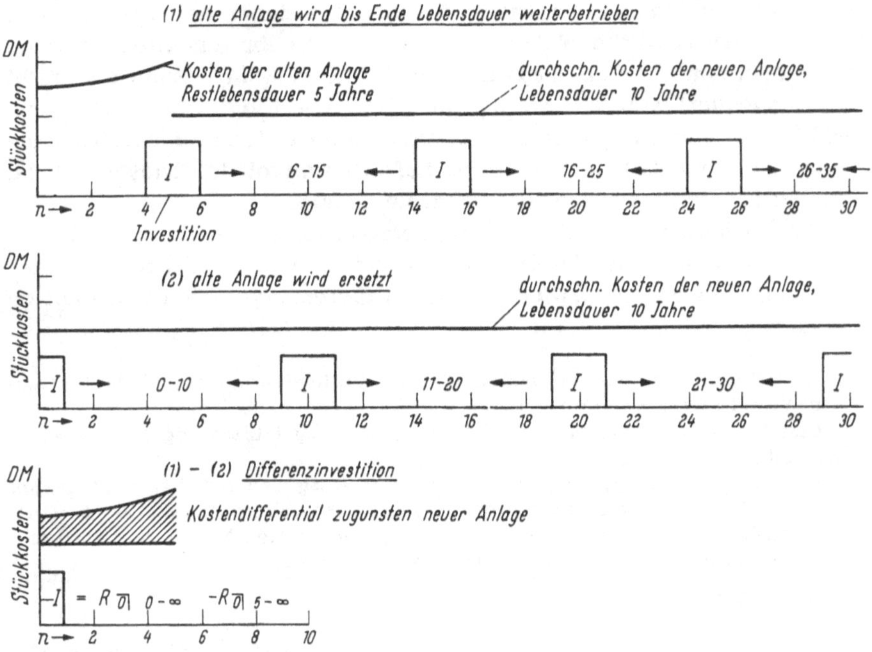

Da der Anlagenersatz ein Prozeß ist, der sich im Zeitablauf abspielt, ist es wichtig, vor Beginn der Investitionsrechnung genau zu bestimmen, welche Art des zeitlichen Ablaufs der Investitionsrechnung zugrunde gelegt werden soll.

1. Der unendliche Anlagenersatz

Hier wird davon ausgegangen, daß die Unternehmung in dem Feld, innerhalb dessen der Ersatz erfolgt, immer investieren muß; der Ersatzprozeß vollzieht sich also in Form einer ewigen Rente von Investitionsausgaben. Bei der Bestimmung der Kapitalbasis der Ersatzinvestition geht es darum, den Wert der zeitlichen Verschiebung dieser Rentenreihen zu bestimmen.

2. Zeitlich begrenzter Anlagenersatz bei obligatorischer Ersatzinvestition

Die Annahme ist hier, daß die Möglichkeit einer neuen Investition in dem betreffenden Investitionsfeld zeitlich begrenzt ist; beispielsweise durch das Auslaufen eines Produktionsprogrammes. Eine Ersatzinvestition muß aber noch erfolgen; zu wählen ist zwischen dem gegenwärtigen und einem künftigen Ersatzzeitpunkt. Hier hängt die Investitionsentscheidung wesentlich davon ab, inwieweit die technische Lebensdauer der Ersatzinvestition mit der wirtschaftlichen Nutzungsdauer der von ihr erstellten Leistung übereinstimmt.

3. Zeitlich begenzter Anlagenersatz bei fakultativer Ersatzinvestition
In diesem Falle fällt die wirtschaftliche Lebensdauer der alten Anlage und die wirtschaftliche Nutzungsdauer der von ihr erstellten Leistung zusammen. Am Ende der Lebensdauer der alten Anlage kann also nicht mehr investiert werden; wohl aber kann die Möglichkeit nicht ausgeschlossen werden, daß eine Ersatzinvestition während der Restlebensdauer der alten Anlage noch wirtschaftlich sinnvoll ist. Dieser Fall ist offenbar für die Ersatzinvestition sehr ungünstig.

Am häufigsten ist der erste Fall, bei dem von einem unendlichen Ersatzprozeß in dem betreffenden Investitionsfeld ausgegangen wird.

In diesem Fall ist die Kapitalbasis der Differenzinvestition wie folgt zu bestimmen:

	Investitionsausgaben der neuen Anlage (Anlagevermögen, Umlaufvermögen[1], indirekter Kapitaleinsatz[1])
—	cash flow aus alter Anlage (Veräußerungswert, Umlaufvermögen[2], indirekter Kapitaleinsatz[2])
+	Barwert einer ewigen Rente in Höhe der Ausgaben für Anlagevermögen und indirekten Kapitaleinsatz der neuen Anlage, die nach Ablauf der wirtschaftlichen Lebensdauer der Ersatzanlage zum ersten Male fällig wird und sich dann in dieser Höhe und diesem zeitlichen Abstand wiederholt.
	Kapitalbasis bei Anlagenersatz

	Barwert einer ewigen Rente in Höhe der Ausgaben für Anlagevermögen und indirekter Kapitaleinsatz der neuen Anlage, die nach Ablauf der wirtschaftlichen Lebensdauer der alten Anlage zum ersten Male fällig wird und sich dann in dieser Höhe in zeitlichen Abständen, die durch die wirtschaftliche Lebensdauer der neuen Anlage bestimmt werden, wiederholt
+	Barwert des Umlaufvermögens der Ersatzanlage, investiert am Ende der wirtschaftlichen Lebensdauer der alten Anlage
—	Barwert des cash flow aus alter Anlage (Veräußerungswert, Umlaufvermögen[2], indirekter Kapitaleinsatz[2]) am Ende ihrer wirtschaftlichen Lebensdauer
	Kapitalbasis bei Weiterbetrieb der alten Anlage

	Kapitalbasis bei Anlagenersatz
—	Kapitalbasis bei Weiterbetrieb der alten Anlage
	Kapitalbasis der Differenzinvestition

[1] bewertet zu Anschaffungsausgaben.
[2] bewertet zu Veräußerungswerten bzw. ersparten Anschaffungsausgaben.

BEISPIEL 23: BESTIMMUNG DER KAPITALBASIS DER DIFFERENZINVESTITION

a) Bei Annahme unendlicher Ersatzbeschaffung

Rechnungsdaten:	DM
Ersatzanlage:	
Investitionsausgaben	
Anlagevermögen	55 000,—
Umlaufvermögen	30 000,—
indirekter Kapitaleinsatz	15 000,—
	100 000,—
Wirtschaftliche Lebensdauer	10 Jahre
Alte Anlage:	
Veräußerungswert gegenwärtig	5 000,—
Veräußerungswert am Ende der wirtschaftl. Lebensdauer	1 000,—
Investitionsausgaben	
Anlagevermögen	45 000,—
Umlaufvermögen	30 000,—
indirekter Kapitaleinsatz	10 000,—
	85 000,—
Wirtschaftlicher Wert des indirekten Kapitaleinsatzes	
gegenwärtig	5 000,—
am Ende der wirtschaftlichen Lebensdauer der alten Anlage	0
Wirtschaftliche Restlebensdauer	5 Jahre
Zinsfuß der Rechnung[1]	10 %

(1) *Kapitalbasis bei Anlagenersatz*

		DM
	Investitionsausgaben der neuen Anlage	100 000,—
—	cash flow aus alter Anlage	— 40 000,—
+	Barwert einer ewigen Rente zu DM 70 000,— fällig alle 10 Jahre, erste Fälligkeit in 10 Jahren[2]	+ 40 743,—
	insgesamt	100 743,—

1 In diesem Rechnungsbeispiel muß ein Zinsfuß angenommen werden. In der Praxis der Berechnung von Ersatzinvestitionen ist das nicht notwendig, da sich der Zins aus den Daten der Rechnung selbst ergibt: bewertet wird die Kapitalbasis mit dem internen Zinsfuß der Investition. Wegen der hierin liegenden logischen Schwierigkeiten wird auf den Exkurs S. 130 ff. verwiesen.

2 Gesucht wird das Kapital, aus dem bei einem Zinsfuß von 10 % alle 10 Jahre eine Rente von DM 70 000,— gezahlt werden kann. Das ist das Kapital, das in 10 Jahren bei einem Zinsfuß von 10 % um DM 70 000,— anwächst. Aus Tabelle B I ergibt sich als reziproker Wert der dort aufgeführten Abzinsungsfaktoren der Aufzinsungsfaktor von 2,7181 bei $p = 10\,\%$ $n = 10$. Das ist der Endwert des Kapitals einschließlich Zins und Zinseszinsen im 10. Jahr.
Wir suchen aber nur den Endwert der Zinsen, da das Kapital ewig erhalten bleiben soll. Das

(2) *Kapitalbasis bei Weiterbetrieb der Anlage*

	Barwert einer ewigen Rente zu DM 70 000,—, fällig alle 10 Jahre, erste Fälligkeit in 5 Jahren[1]	67 177,—
+	Barwert des Umlaufvermögens der neuen Anlage DM 30 000,— in 5 Jahren[2]	+ 18 195,—
—	Barwert des cash flow aus der Stillegung der alten Anlage DM 31 000,— in 5 Jahren[2]	— 18 802,—
	insgesamt	66 570,—

(3) *Kapitalbasis der Differenzinvestition*

	Kapitalbasis bei Anlagenersatz	100 743,—
—	Kapitalbasis bei Weiterbetrieb der Anlage	— 66 570,—
	insgesamt	34 173,—

In der Regel ist es richtig, den Ersatzprozeß als einen kontinuierlichen Prozeß anzusehen und daher bei der Bestimmung der Kapitalbasis der Differenzinvestition die unterschiedlichen Barwerte der Renten, aus denen sich der Zyklus des Anlagenersatzes bei Weiterbetrieb der alten Anlage oder bei Ersatz ergibt, zu berücksichtigen. Das braucht aber nicht immer zuzutreffen, dann nämlich, wenn der Anlagenersatz nur noch eine begrenzte Zeitspanne möglich ist. In diesem Falle kann die Kapitalbasis der Differenzinvestition nach der folgenden Formel berechnet werden:

	Investitionsausgaben der neuen Anlage (Anlagevermögen, Umlaufvermögen[3], indirekter Kapitaleinsatz[3])
—	cash flow aus alter Anlage (Veräußerungswert, Umlaufvermögen[4], indirekter Kapitaleinsatz[4])
—	cash flow aus der neuen Anlage (Veräußerungswert, Umlaufvermögen, indirekter Kapitaleinsatz) am Ende ihrer wirtschaftlichen Lebensdauer[5]
	Kapitalbasis bei Anlagenersatz

ist 2.7181 — 1.0000 = 1.7181; 70 000 : 1.7181 = 40 743,—. Das ist der Barwert einer ewigen Rente, aus der alle 10 Jahre DM 70 000,— gezahlt werden können. Beweis: 40 743,— × 2.7181 = 110 743,— — 40 743,— = 70 000,—.
Um den Barwert einer in Intervallen von n bei einem Zinsfuß von p fälligen Rente zu bestimmen, ermitteln wir also den Aufzinsungsfaktor (reziproker Wert aus Tafel B I) bei dem entsprechenden p und n, subtrahieren hiervon 1.0000 für den im Endwertfaktor enthaltenen Kapitalanteil und dividieren die Höhe der Rentenzahlung durch den so gewonnenen Faktor. Das Resultat ist der Barwert einer ewigen Rente, bei Zinsfuß p und Fälligkeiten in n Intervallen.

1 Das ist dieselbe Rente, wie sie für die Kapitalbasis bei Anlagenersatz bestimmt wurde. Die Rente fällt nur 5 Jahre früher als die erstgenannte Rente an. Der Barwert der ersten Rente: DM 40 743,— muß also um 5 Jahre aufgezinst werden. Aus Tabelle B I ermitteln wir bei n = 5 und p = 10 % als reziproken Wert den Aufzinsungsfaktor mit 1,6488; 40 743 × 1,6488 = 67 177,—.

2 Tafel B I n = n 5, p = 10 % : 0,6065.

3 bewertet zu Anschaffungsausgaben.

4 bewertet zu Veräußerungswerten bzw. ersparten Anschaffungsausgaben.

5 Der Veräußerungswert der neuen Anlage kann in der Regel bei der Investitionsrechnung vernachlässigt werden, weil er nicht sicher vorhersehbar ist. Dann, wenn vorhersehbar ist, daß

	Barwert der Investitionsausgaben der neuen Anlage nach Ablauf der wirtschaftlichen Lebensdauer der alten Anlage
—	Barwert des cash flow aus der alten Anlage nach Ablauf ihrer wirtschaftlichen Lebensdauer
—	Barwert des cash flow aus der neuen Anlage, am Ende ihrer wirtschaftlichen Lebensdauer
	Kapitalbasis bei Weiterbetrieb der alten Anlage

	Kapitalbasis bei Anlagenersatz
—	Kapitalbasis bei Weiterbetrieb der alten Anlage
	Kapitalbasis der Differenzinvestition

BEISPIEL 23: BESTIMMUNG DER KAPITALBASIS DER DIFFERENZINVESTITION

b) Bei zeitlich begrenztem Anlagenersatz und obligatorischer Ersatzinvestition

Rechnungsdaten:

Ersatzanlage:

	DM
Investitionsausgaben	
Anlagevermögen	55 000,—
Umlaufvermögen	30 000,—
indirekter Kapitaleinsatz	15 000,—
	100 000,—
Wirtschaftliche Lebensdauer	10 Jahre
Veräußerungswert am Ende ihrer wirtschaftlichen Lebensdauer	0

Alte Anlage:

Veräußerungswert gegenwärtig	5 000,—
Veräußerungswert am Ende der wirtschaftlichen Lebensdauer	1 000,—
Investitionsausgaben	
Anlagevermögen	45 000,—
Umlaufvermögen	30 000,—
indirekter Kapitaleinsatz	10 000,—
	85 000,—

die neue Anlage vor Ablauf ihrer technischen Lebensdauer außer Betrieb genommen werden muß, sollte jedoch versucht werden, den Veräußerungswert der Anlage in diesem Zeitpunkt vorauszuschätzen. Der cash flow aus der neuen Anlage setzt sich zusammen aus ihrem Veräußerungswert, dem Veräußerungswert des indirekt für sie gebundenen Kapitals — das kann ein Betriebswert sein, wenn dieses Kapital noch innerbetrieblich verwertbar ist — und dem Liquidationswert ihres Umlaufvermögens.

Wirtschaftlicher Wert des indirekten Kapitaleinsatzes	
gegenwärtig	5 000,—
am Ende der wirtschaftlichen Lebensdauer	0
Wirtschaftliche Lebensdauer	5 Jahre
Zinsfuß der Rechnung[1]	10 %

Die alte Anlage stellt ein Produkt her, das nur noch 10 Jahre gebraucht wird. Wenn also die Ersatzinvestition jetzt erfolgt, bleibt die neue Anlage noch während ihrer vollen wirtschaftlichen Lebensdauer in Betrieb; erfolgt der Anlagenersatz nach 5 Jahren am Ende der wirtschaftlichen Lebensdauer der alten Anlage, so hat die Ersatzinvestition nur noch eine Lebensdauer von 5 Jahren zu erwarten. Der Veräußerungswert der Anlage am Ende dieser wirtschaftlichen Lebensdauer wird dann mit DM 12 000,— geschätzt, der wirtschaftliche Wert des indirekten Kapitaleinsatzes auf DM 7000,—.

		DM
(1)	*Kapitalbasis bei Anlagenersatz*	
	Investitionsausgaben der neuen Anlage	100 000,—
—	cash flow aus alter Anlage	— 40 000,—
—	cash flow aus der neuen Anlage (Umlaufvermögen) DM 30 000,—	— 11 037,—
		48 963,—
(2)	*Kapitalbasis bei Weiterbetrieb der alten Anlage*	
	Barwert der Investitionsausgaben der neuen Anlage[2] DM 100 000,—	60 650,—
—	Barwert des cash flow aus der alten Anlage[2] DM 31 000,—	— 18 802,—
—	Barwert des cash flow aus der neuen Anlage[3] DM 49 000,—	— 18 027,—
		23 821,—
(3)	*Kapitalbasis der Differenzinvestition*	
	Kapitalbasis bei Anlagenersatz	48 963,—
	Kapitalbasis bei Weiterbetrieb	— 23 821,—
	insgesamt	25 142,—

Diese Rechnung führt zu einem für die Ersatzinvestition recht günstigen Ergebnis, und zwar deswegen, weil hier die Möglichkeit des gegenwärtigen Anlagenersatzes an einer sehr ungünstigen Alternative: der Fortführung der Investition während eines Zeitraumes, der wesentlich kürzer ist als die wirtschaftliche Lebensdauer der Ersatzinvestition, gemessen

[1] s. Anmerkung 1 Seite 107.
[2] Zinstafel B I n = 5, p = 10 % : 0,6065.
[3] Zinstafel B I n = 10, p = 10 % : 0,3679.

wird. Bei dieser Alternative ist also der gegenwärtige Anlagenersatz vorteilhaft.
Ganz anders dann, wenn die Unternehmung nicht beabsichtigt, in dem betreffenden Investitionsfeld nach Ende der wirtschaftlichen Lebensdauer der alten Anlage weiter zu investieren, wenn also die wirtschaftliche Lebensdauer der alten Anlage zusammenfällt mit der wirtschaftlichen Nutzungsmöglichkeit der von ihr erbrachten Leistung — ein Beispiel hierfür ist die Begrenzung der wirtschaftlichen Lebensdauer von Spezialwerkzeugen und -maschinen in der Automobilindustrie durch die Lebensdauer eines Automobiltyps. In diesem Falle, wenn also feststeht, daß der Anlagenersatz nur noch während der wirtschaftlichen Lebensdauer der alten Anlage durchgeführt werden kann, aber nicht nach Ablauf dieser Lebensdauer wiederholt werden kann, ist die Kapitalbasis der Differenzinvestition wie folgt zu berechnen:

Investitionsausgaben der neuen Anlage (Anlagevermögen, Umlaufvermögen[1], indirekter Kapitaleinsatz[1])
— cash flow aus alter Anlage (Veräußerungswert, Umlaufvermögen[2], indirekter Kapitaleinsatz[2])
— Barwert des cash flow der neuen Anlage (Veräußerungswert, Umlaufvermögen, indirekter Kapitaleinsatz) bei Ausscheiden am Ende der wirtschaftlichen Lebensdauer der alten Anlage

---

Kapitalbasis bei Anlagenersatz

— Barwert des cash flow aus der alten Anlage am Ende ihrer wirtschaftlichen Lebensdauer

---

Kapitalbasis bei Weiterbetrieb der alten Anlage

Kapitalbasis bei Anlagenersatz
— Kapitalbasis bei Weiterbetrieb der Anlage

Kapitalbasis der Differenzinvestition

BEISPIEL 23: BESTIMMUNG DER KAPITALBASIS DER DIFFERENZINVESTITION

c) Bei Annahme zeitlich begrenzter Ersatzbeschaffung und fakultativer Ersatzinvestition

Rechnungsdaten	DM
Ersatzanlage:	
Investitionsausgaben	
Anlagevermögen	55 000,—
Umlaufvermögen	30 000,—
indirekter Kapitaleinsatz	15 000,—
	100 000,—

1 bewertet zu Anschaffungsausgaben.
2 bewertet zu Veräußerungswerten bzw. ersparten Anschaffungsausgaben.

Wirtschaftliche Lebensdauer	10 Jahre
Veräußerungswert	
am Ende der wirtschaftlichen Lebensdauer nach 5 Jahren	15 000,—
Wirtschaftlicher Wert des indirekten Kapitaleinsatzes	
nach 5 Jahren	7 000,—

Alte Anlage:

Investitionsausgaben	
Anlagevermögen	45 000,—
Umlaufvermögen	30 000,—
indirekter Kapitaleinsatz	10 000,—
	85 000,—
Wirtschaftliche Lebensdauer	5 Jahre
Veräußerungswert	
gegenwärtig	5 000,—
am Ende der wirtschaftlichen Lebensdauer	1 000,—
Wirtschaftlicher Wert des indirekten Kapitaleinsatzes	
gegenwärtig	5 000,—
am Ende der wirtschaftlichen Lebensdauer	0
Zinsfuß der Rechnung[1]	10 %

(1) *Kapitalbasis bei Anlagenersatz*

	Investitionsausgaben der neuen Anlage	100 000,—
—	cash flow aus der alten Anlage	— 40 000,—
—	Barwert des cash flow aus der neuen Anlage nach 5 Jahren Lebensdauer[2] DM 52 000,—	— 31 538,—
	insgesamt	28 462,—

(2) *Kapitalbasis bei Weiterbetrieb der Anlage*

—	Barwert des cash flow der alten Anlage nach Ablauf ihrer wirtschaftlichen Lebensdauer[2] DM 31 000,—	— 18 801,—

(3) *Kapitalbasis der Differenzinvestition*

Kapitalbasis bei Anlagenersatz	28 462,—
Kapitalbasis bei Weiterbetrieb der Anlage	+ 18 801,—
insgesamt	47 263,—

Diese Kapitalbasis ist für die Investition also verhältnismäßig ungünstiger als in den vorangegangenen Beispielen. Hierin kommt zum Ausdruck, daß es sich in geringerem Maße lohnt, kurze Zeit vor Ablauf der

[1] s. Anmerkung 1 auf Seite 107.
[2] Zinstafel B I n = 5, p = 10 %.

wirtschaftlichen Nutzungsmöglichkeiten einer wirtschaftlichen Leistung in dem Investitionsfeld, das die Leistung erstellt, noch zu investieren.
Bei dieser Bestimmung der Kapitalbasis der Ersatzinvestition ist noch folgendes zu beachten:

1. In der Investitionsrechnung können nur Anlagen verglichen werden, die gleichartige oder vergleichbare Leistungen herstellen; denn nur dann kann die alte Anlage durch die neue ersetzt werden.

   Stellen alte und neue Anlage verschiedene Mengen derselben Leistung her, so ist der Einnahmenüberschuß der Differenzinvestition wie folgt zu berechnen:

   können beiden Investitionen Einnahmen direkt zugerechnet werden, so werden die Einnahmenüberschüsse beider Investitionen verglichen, hieraus die Differenz gebildet und den Investitionsausgaben der Differenzinvestition gegenübergestellt;

   können beiden Investitionen keine Einnahmen zugerechnet werden, erstreckt sich der Investitionsvergleich also nur auf die Kostenseite, so müssen — falls beide Anlagen eine unterschiedliche Kapazität haben und verschieden beansprucht werden — die Kosten wie auch die Kapitalbasis beider Investitionen auf eine gleiche Leistungsmenge — zweckmäßigerweise die der alten Anlage — umgerechnet werden[1].

   Qualitative Unterschiede, die nicht in Kosten oder Erträgen ihren Niederschlag finden, können in der Investitionsrechnung nicht berücksichtigt werden, sie sind also gesondert bei der Investitionsentscheidung zu veranschlagen.

2. Die Ersatzinvestition braucht nur eine Rendite auf die Kapitalbasis der Differenzinvestition zu bringen, denn nur in der durch sie bezeichneten Höhe leistet der Investor Ausgaben oder verzichtet auf Einnahmen, wenn er die Ersatzinvestition vornimmt.

3. Wenn wir bei der Lösung des Ersatzproblems von der Vorstellung des Vergleichs zweier ewiger Renten ausgehen, die sich nur durch ihre zeitliche Verschiebung und die Differenz von Kosten und Kapitalbasis zwischen alter und neuer Investition während dieser begrenzten zeitlichen Verschiebung unterscheiden, so setzen wir dabei voraus, daß der Ersatz der alten Anlage am Ende ihrer technischen Nutzungsdauer durch eine neue zu denselben wirtschaftlichen Bedingungen erfolgt, wie zu einem früheren Zeitpunkt.

   Diese Annahme ist problematisch, da sie voraussetzt, daß kein technischer Fortschritt stattfindet, der zu einer Verringerung der Kapital-

[1] s. Beispiel S. 114 f.

ausgabe je Leistungseinheit und zu einer Senkung der Betriebsausgaben führen kann. Mit einem technischen Fortschritt kann aber wohl in den einzelnen Feldern der Investitionstätigkeit in unterschiedlichem Maße immer gerechnet werden. Namentlich Terborgh hat sich hiermit ausführlich auseinandergesetzt und eine umstrittene Formel für die Berücksichtigung des technischen Fortschritts im Investitionsvergleich entwickelt. Bei dieser Betrachtungsweise wird aber übersehen, daß es bei dem Investitionsvergleich nicht auf den technischen Fortschritt, sondern nur auf dessen wirtschaftliche Auswirkung ankommt. Hier muß insbesondere berücksichtigt werden, daß die Investitionsausgaben in vielen Fällen einen Anstieg im Zeitverlauf zeigen, der nicht allein auf den technischen Fortschritt, sondern auf inflationäre Kostensteigerungen bei der Herstellung dieser Produktionsgüter zurückzuführen sind. Eine zutreffende Berücksichtigung dieser divergierenden Einflußgrößen (die den Wert eines zeitlichen Aufschubs des Ersatzzeitpunktes bestimmen) halten wir im Rahmen der Investitionsrechnung nicht für möglich. Auch wenn die Formeln, mit denen versucht wird, diese Einflußgrößen zu berücksichtigen, exakt aussehen, so beruhen sie doch auf sehr fragwürdigen Voraussetzungen und bringen so eine Komplikation in die Investitionsrechnung hinein, die sachlich nicht zu rechtfertigen ist. Richtiger ist es daher, davon auszugehen, daß die heutige Ersatzinvestition zu denselben Bedingungen später wiederholt wird, wobei wir damit rechnen, daß sich die Faktoren, welche den Wert eines zeitlichen Aufschubes der Ersatzinvestition bestimmen, kompensieren. Das ist eine Annahme, von der im Einzelfall, wenn genaue Daten hierüber bekannt sind, abgegangen werden kann.

Die Rechnungsmethode, die bei der Ersatzinvestition anzuwenden ist, soll an einem Beispiel erläutert werden.

BEISPIEL 24: INVESTITIONSRECHNUNG BEI ERSATZINVESTITIONEN

Abteilung:	Betrieb:	Investitionsausgaben in 1000 DM
Projektnr.:	Kostenstnr.:	Anlageverm. 420
	Inbetriebn.	Umlaufverm. 180
Projektbezeichnung:		Indirekt .... —
Ersatz einer Anlage zur Herstellung von 10 000 Einheiten Vorprodukt X durch eine neue Anlage zur Herstellung von 15 000 Einheiten Vorprodukt X		Abzugspost. —150
		Gesamt 450

Investitionsrechnung bei Ersatzinvestitionen

I. Wirtschaftliche Daten der alten Anlage/Projektantrag v. .... Nr.......

1. Produktionsleistung			10 000 Einheiten p. a.
2. Investitionsausgaben	Anlagevermögen	DM 230 000	
	Umlaufvermögen	DM 100 000	DM 330 000
3. Gegenwärtiger Veräußerungswert			DM 50 000
4. Restlebensdauer			5 Jahre
5. Veräußerungswert am Ende der wirtschaftlichen Lebensdauer			0
6. Kapazitätsausnutzung während der Restlebensdauer			100 %

7. Herstellkosten bei voller Kapazität[1]	Kosten/p. a.	Kosten/E	Variator
Materialkosten	75 600	7,56	80 %
Personalkosten	74 500	7,45	70 %
Energiekosten	50 200	5,02	95 %
Kapitalkosten	36 300	3,63	10 %
Sonstige Kosten	15 000	1,50	50 %
Herstellkosten insgesamt	251 600	25,16	
Fixe Kosten p. a.	80 150	17,145	
Proportionale Kosten je Einheit			
Herstellkosten ausgabewirksam			
Fixe Kosten p. a.	41 930	14,892	
Proportionale Kosten je Einheit			

8. Andere Kosten

Kosten des Vertriebsbereichs	6 %	auf	Kapitalausg.[2]
Forschungs- und Entwicklungskosten	3 %	auf	Kapitalausg.[2]
Zentralverwaltungskosten u. übrige Kosten	1,5 %	auf	Kapitalausg.[2]
Zusätzlicher Reparaturaufwand innerhalb des zweiten Jahres	DM 7500		

9. Ausgabewirksame Betriebskosten

Jahr	1	2	3—5
Herstellkosten	190 850	190 850	190 850
Kosten des Vertriebs	19 800	19 800	19 800
Forschungs- und Entwicklungskosten	10 000	10 000	10 000
Zentralverwaltungskosten	4 900	4 900	4 900
a. o. Aufwand		7 500	
insgesamt	225 550	233 050	225 550
je LE	22 555	23 305	22 555

1 Diese Kosten müssen durch die Nachkalkulation des betreffenden Produktes im einzelnen belegt und der Investitionsrechnung als Anlage beigefügt werden. Eine entsprechend detaillierte Aufstellung auf S. 67 wiedergegeben.

2 Auf die Wiedergabe der hierzugehörigen Anlagen wird verzichtet, s. Seite 75.

Investitionsrechnung bei Ersatzinvestitionen

Abteilung: .... Betrieb: .... Projektnr.: .... Kostenstnr.: .... Inbetriebn.: .... Projektbezeichnung: Ersatz einer Anlage zur Herstellung von 10 000 Einheiten Vorprodukt X durch eine neue Anlage zur Herstellung von 15 000 Einheiten Vorprodukt X	Investitionsausgaben in 1000 DM Anlageverm. 420 Umlaufverm. 180 Indirekt .... — Abzugspost. —150 Gesamt 450

II. Wirtschaftliche Daten der neuen Anlage

1. Produktionsleistung 15 000 Einheiten p. a.
2. Investitionsausgaben

Anlagevermögen	DM 420 300,—
Umlaufvermögen	DM 180 200,—
	DM 600 500,—

3. Wirtschaftliche Lebensdauer 10 Jahre
4. Leistungsabgabe während der Lebensdauer:

1. Jahr nach Inbetriebnahme	80 %
folgende Jahre	100 %

5. Herstellkosten bei voller Kapazität

	Kosten p. a.	Kosten / E	Variator
Materialkosten	110 800	7,386	80 %
Personalkosten	74 500	4,966	50 %
Energiekosten	70 300	4,686	95 %
Kapitalkosten	45 600	3,040	0 %
Sonstige Kosten	15 000	1,000	50 %
Herstellkosten insgesamt	316 200	21,080	
Fixe Kosten p. a.	116 025		
Proportionale Kosten je Einheit		13,345	
Herstellkosten ausgabewirksam			
Fixe Kosten p. a.	67 712		
Proportionale Kosten je Einheit		10,756	

6. Andere Kosten

Kosten des Vertriebsbereichs	6 % auf Kapitalausgaben
Forschungs- und Entwicklungskosten	3 % auf Kapitalausgaben
Zentralverwaltungs- u. übrige Kosten	1,5 % auf Kapitalausgaben

7. Ausgabewirksame Betriebskosten

Jahr	1	2—10
Herstellkosten	196 784	229 052
Kosten des Vertriebs	36 030	36 030
Forschungs- u. Entwicklungskosten	18 015	18 015
Zentralverwaltungskosten	9 008	9 008
insgesamt	259 837	292 105
je LE	21,6531	19,4737

Investitionsrechnung bei Ersatzinvestitionen

Abteilung: .... Betrieb: .... Projektnr.: .... Kostenstnr.: .... Inbetriebn.: .... Projektbezeichnung: Ersatz einer Anlage zur Herstellung von 10 000 Einheiten Vorprodukt X durch eine neue Anlage zur Herstellung von 15 000 Einheiten Vorprodukt X	Investitionsausgaben in 1000 DM Anlageverm. 420 Umlaufverm. 180 Indirekt .... — Abzugspost. —150 Gesamt 450

III. Investitionsrendite (1000 DM)

Barwert der Investitionsausgaben	Barwert zu 3 % Faktor	Barwert zu 3 % Barwert	Barwert zu 4 % Faktor	Barwert zu 4 % Barwert
+ Investitionsausgaben für neue Investition[1]	1.0000	400,3	1.0000	400,3
— gegenwärtiger cash flow aus der alten Anlage[1]	1.0000	— 100,0	1.0000	— 100,0
+ $R_{\overline{0}\vert\, 10\text{-}\infty}$ R = 280,2	$\frac{1}{0{,}3499}$	+ 800,8	$\frac{1}{0{,}4919}$	+ 569,6
— $R_{\overline{0}\vert\, 5\text{-}\infty}$ R = 280,2	$\frac{1{,}1618}{0{,}3499}$	— 930,4	$\frac{1{,}2214}{0{,}4919}$	— 695,7
— Barwert des Umlaufvermögens der neuen Investition[1] DM 120,1 n = 5	0,8607	— 103,4	0,8187	— 98,3
+ Barwert des cash flow aus der alten Anlage am Ende deren wirtschaftlicher Lebensdauer DM 66,7[1]	0,8607	+ 57,4	0,8187	+ 54,6
		124,7		130,5

Barwert des Einnahmenüberschusses (Kostendifferenz)

Jahr	alte Anlage	neue Anlage[1]	Differenz	Faktor 3 %	Barwert 3 %	Faktor 4 %	Barwert 4 %
1	225,6	216,5	+ 9,1	0,9851	9,0	0,9803	8,9
2	233,1	194,7	+ 38,4	0,9560	36,7	0,9418	36,2
2—5	225,6	194,7	+ 30,9	0,9006[2]	83,5	0,8699	80,6
					129,2		115,7
Quotient					0,965		1,128
Rendite der Investition					3,2 %		
Kapitalbasis der Differenzinvestition					125,9		

1 umgerechnet auf Kapazität der alten Anlage.
2 B II n = 0 — 3 : 0,9563 × B I n = 2 : 0,9418.

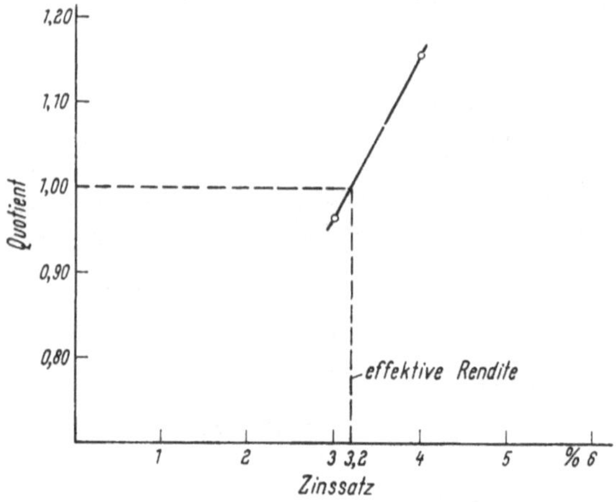

Die Investitionsrechnung zeigt, daß der neue Kapitaleinsatz angesichts der geringen Rendite, die er bringt, wirtschaftlich nicht gerechtfertigt ist. Dieser Schluß wird erhärtet durch den Vergleich der Stückkostenkurven der alten und der neuen Anlage, der zeigt, daß die neue Anlage nur in einem Leistungsbereich, der jenseits der Kapazität der alten Anlage liegt, kostengünstiger arbeitet als diese. Würde die alte Anlage dieselbe Leistungsmenge erstellen wie die neue Anlage, so wäre das nur mit einem progressiven Kostenaufwand, wenn überhaupt, möglich. Der Kostenvorteil der neuen Anlage ist gering und besteht nur in einem schmalen Leistungsbereich. Dieser Kostenvergleich deutet so in dieselbe Richtung wie die Investitionsrechnung. Für die Investitionsentscheidung ist aber nur eine Investitionsrechnung geeignet. Die Investitionsrechnung vergleicht beide Anlagen auf der Basis voller Kapazitätsausnutzung. Damit kann die Investitionsrechnung nicht zeigen, welche Risiken darin begründet sind, daß die neue Anlage nicht die volle Kapazitätsausnutzung erreicht und beispielsweise nur dieselbe Leistungsmenge herstellt wie die alte Anlage. Für diesen Fall zeigt der Kostenvergleich, daß die neue Anlage unwirtschaftlicher wäre als die alte Anlage. Daher ist der Kostenvergleich, der den Kostenverlauf in der Abhängigkeit vom Beschäftigungsgrad zeigt, eine wertvolle Ergänzung der Investitionsrechnung und unabdingbar in dem Fall, in dem die Investitionsrechnung nur eine geringe Mindestrendite ergibt.

Investitionsrechnung bei Ersatzinvestitionen

Abteilung: .... Betrieb: .... Projektnr.: .... Kostenstnr.: .... Inbetriebn.: .... Projektbezeichnung: Ersatz einer Anlage zur Herstellung von 10 000 Einheiten Vorprodukt X durch eine neue Anlage zur Herstellung von 15 000 Einheiten Vorprodukt X	Investitionsausgaben in 1000 DM Anlageverm. 420 Umlaufverm. 180 Indirekt .... — Abzugspost. —150 Gesamt 450

IV. Kostenvergleich der alten und neuen Anlage

Herstellkosten	alte Anlage	neue Anlage
fix p. a.	80.150	77.350
proportional DM/E	17,145	8,897
Kosten des Vertriebs	6 % auf Kapitalausgaben	
Forschungs- u. Entwicklungskosten	3 % auf Kapitalausgaben	
Zentralverwaltungskosten	1,5 % auf Kapitalausgaben	

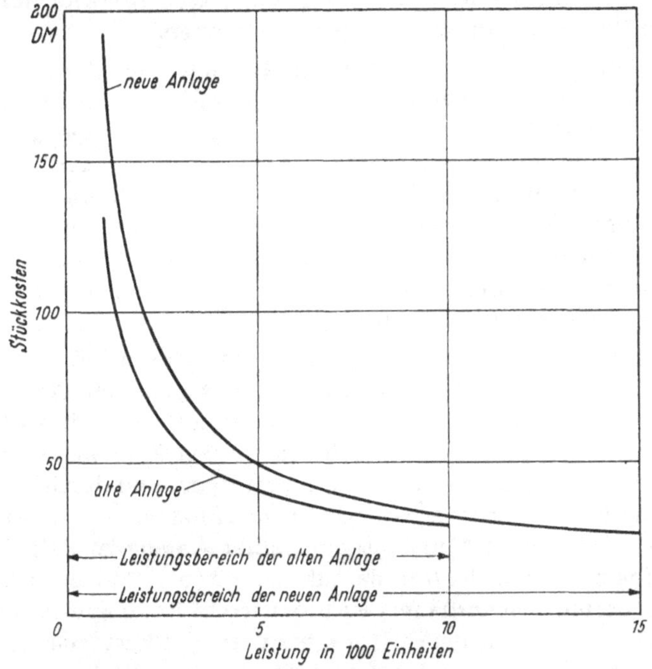

d) Investitionsentscheidung bei weiterem Kapitaleinsatz innerhalb einer bestehenden Anlage

Durch weiteren Kapitaleinsatz innerhalb einer bestehenden Anlage können sich in wirtschaftlicher Hinsicht drei Wirkungen ergeben, die zusammen oder auch einzeln auftreten können:

1. Kostensenkung
2. Leistungssteigerung
3. Verlängerung der wirtschaftlichen Lebensdauer

Kostensenkung bedeutet, daß wir durch den zusätzlichen Kapitaleinsatz eine Senkung der Herstellkosten je erzeugte Einheit erreichen. Der neue Kapitaleinsatz muß dann aus dieser Kostenersparnis seine Rendite und damit wirtschaftliche Rechtfertigung finden.

Leistungssteigerung bedeutet, daß durch den neuen Kapitaleinsatz die Leistungsfähigkeit der Anlage erhöht wird. Das wird in der Regel zu einer Senkung der Herstellkosten je erzeugte Einheit führen, braucht es aber nicht. Die bloße Leistungssteigerung allein kann zusätzlichen Kapitaleinsatz nicht rechtfertigen; es kommt nur auf dessen wirtschaftliche Auswirkung an. Leistungssteigerung bietet hierzu zwei Ansatzpunkte: die Kostensenkung, die als Folge der Kostenremanenz der Anlage oft erwartet werden kann, und die mit der Leistungssteigerung verbundene Ertragsmehrung dort, wo die Anlage eine Marktleistung erbringt, deren Erträge ihr zugerechnet werden können.

Die Verlängerung der wirtschaftlichen Lebensdauer der Anlage ergibt sich einmal als Folge ihrer vergrößerten wirtschaftlichen Leistungsfähigkeit, sei es aus der bewirkten Kostensenkung, sei es aus der mit einer Leistungssteigerung verbundenen Ertragsmehrung. Denn hierdurch verlängert sich die Periode, innerhalb derer die Anlage Einnahmenüberschüsse aufweist, also ihr wirtschaftlicher Weiterbetrieb gerechtfertigt ist; andererseits wird es für eine mögliche Ersatzinvestition auch schwieriger, mit dieser verbesserten Anlage zu konkurrieren und so deren wirtschaftliche Lebensdauer abzukürzen.

Ferner ergibt sich die Verlängerung der wirtschaftlichen Lebensdauer aus der Verlängerung der technischen Nutzungsdauer der Anlage. So kann beispielsweise die alte Anlage ohne weiteren Kapitaleinsatz (Großreparatur) nicht mehr betriebsfähig sein. Durch den Kapitaleinsatz wird die technische Nutzungsdauer der Anlage verlängert und damit auch die Voraussetzung für ihre weitere wirtschaftliche Nutzung geschaffen. Verlängerung der technischen Nutzungsdauer einer Anlage ist kein Selbstzweck; es kommt ausschließlich darauf an, ob die Anlage während dieser verlängerten Lebensdauer auch wirtschaftlich genutzt werden kann und ob der Nutzen, der hieraus folgt, so groß ist, daß sich die geforderte Mindestrendite auf den neuen Kapitaleinsatz ergibt.

Diese wirtschaftlichen Auswirkungen des neuen Kapitaleinsatzes müssen in der Investitionsrechnung zum Ausdruck kommen, was dadurch geschieht, daß wir den erforderlichen Kapitalmehreinsatz an der durch ihn bewirkten Mehrung des cash-flow der alten Anlage messen und auf

Grund der Rendite, die sich so ergibt, entscheiden, ob der neue Kapitalmehreinsatz wirtschaftlich gerechtfertigt ist.

Außerdem ist in der Regel in den Fällen, in denen ein Kapitalmehreinsatz innerhalb der alten Anlage zur Diskussion steht, die Konkurrenz mit einer Ersatzanlage zu berücksichtigen. Zumindest sollte, bevor in der alten Anlage investiert wird, geprüft werden, ob ein Anlagenersatz nicht besser wäre. Denn durch die Investition in der alten Anlage bindet sich die Unternehmung an diese Anlage, ihre wirtschaftlichen und technischen Eigenarten und schiebt die Möglichkeit eines wirtschaftlichen Anlagenersatzes weiter hinaus. Die Möglichkeit einer Ersatzinvestition sollte daher stets in Betracht gezogen werden, bevor in der alten Anlage neuer Kapitaleinsatz erfolgt.

Und schließlich darf die Möglichkeit nicht außer acht gelassen werden, die Anlage stillzulegen, auf ihren Nutzen also zu verzichten; oder — was für die Investitionsrechnung dasselbe bedeutet — die alte Anlage ist ohne Großreparatur nicht mehr betriebsfähig und scheidet also aus dem Betrieb aus, wenn kein weiterer Kapitaleinsatz erfolgt.

Es besteht also eine Reihe von Alternativen, die bei der Investitionsrechnung zu beachten sind.

(1) *Weiterbetrieb der alten Anlage ohne zusätzlichen Kapitaleinsatz vs. Weiterbetrieb mit zusätzlichem Kapitaleinsatz*

Voraussetzung ist hier, daß die alte Investition ohne den zusätzlichen Kapitaleinsatz betriebsfähig ist. Die Beurteilung dieser Alternative erfolgt auf Grund der Rendite der Differenzinvestition:

Alte Anlage mit neuen Kapitaleinsatz (1)	Alte Anlage ohne neuen Kapitaleinsatz (2)	Differenzinvestition (1) — (2)
Investitionsausgaben	——	Kapitalbasis d. Differenzinv.
Einnahmenüberschuß oder Ausgaben[1], Ausgaben umgerechnet auf gleiche Leistungseinheit während der Restlebensdauer	Einnahmenüberschuß oder Ausgaben während der Restlebensdauer	cash flow der Differenzinvestition
		Rendite der Differenzinvestition

Der neue Kapitaleinsatz ist wirtschaftlich gerechtfertigt, wenn sich auf die Differenzinvestition mindestens die geforderte Mindestrendite ergibt.

[1] Ändert sich durch den Kapitaleinsatz die Leistungsfähigkeit der alten Anlage, so muß in dem Fall, in dem der cash flow der Differenzinvestition nur aus der Differenz der Betriebsausgaben beider Anlagen gebildet wird, Ausgaben und Kapitalbasis der alten Anlage mit neuem Kapitaleinsatz auf die gleiche Leistungseinheit wie die alte Anlage ohne neuen Kapitaleinsatz umgerechnet werden. Das ist nicht nötig, wenn die Anlage selbständige Erträge aufweist und der Investitionsvergleich auf Grund des effektiven Einnahmenüberschusses der Investition erfolgt.

BEISPIEL 25: INVESTITIONSRECHNUNG BEI WEITEREM KAPITALEINSATZ INNERHALB EINER BESTEHENDEN ANLAGE

a) Weiterbetrieb der alten Anlage ohne neuen Kapitaleinsatz vs. Weiterbetrieb mit neuem Kapitaleinsatz

(1) Rechnungsdaten (in 1000 DM)

1.	Investitionsausgaben der alten Anlage	
	Anlagevermögen	205,0
	Umlaufvermögen	180,0
	Indirekter Kapitaleinsatz	40,0
	Insgesamt	425,0
2.	Wirtschaftliche Lebensdauer	10 Jahre
3.	Restlebensdauer	4 Jahre
4.	Gegenwärtiger Veräußerungswert der Anlage	35,0
	Gegenwärtiger Veräußerungswert des indirekten Kapitaleinsatzes	25,0
5.	Veräußerungswert der Anlage am Ende der Lebensdauer	0,—
	Veräußerungswert des indirekten Kapitaleinsatzes am Ende der Lebensdauer	0,—
6.	Leistung	10 000 E/p. a.
7.	Leistungsabgabe während Restlebensdauer	100 %

8. Künftiger Wert der Leistung DM/E.

1. Jahr	27,50	4. Jahr	25,—
2. Jahr	27,—	Folgejahre	25,—
3. Jahr	26,—		

9. Herstellkosten bei voller Kapazität (DM)

	Kosten/p. a.	Kosten/E	Variator
Materialkosten	62 800	6,28	85 %
Personalkosten	50 200	5,02	40 %
Energiekosten	15 600	1,56	95 %
Kapitalkosten	27 300	2,73	0 %
Sonstige Kosten	7 300	0,73	50 %
Herstellkosten insgesamt	163 200	16,32	
fix p. a.	71 270		
proportional DM/Einheit		9,193	
Herstellkosten ausgabewirksam			
fix p. a.	43 110		
proportional DM/Einheit		8,785	

10. Andere Kosten

Kosten des Vertriebs	4,42 % auf Investitionsausg.	= DM 18 768,—
Umsatzabhäng. Kosten	4,— DM/Einheit	= DM 40 000,—
Übrige Kosten	4,5 % v. Investitionsausg.	= DM 19 125,—
		DM 77 893,—

11. Kosten einer möglichen technischen Veränderung der alten Anlage DM 65 000,—
12. Nach Durchführung der Veränderung der alten Anlage wird die Lebensdauer der Anlage um 2 Jahre verlängert.
13. Herstellkosten nach Durchführung der Großreparatur

	Kosten/p. a.	Kosten/E	Variator
Materialkosten	54 700	5,47	90 %
Personalkosten	27 200	2,72	0 %
Energiekosten	19 700	1,97	95 %
Kapitalkosten	37 400	3,74	0 %
Sonstige Kosten	7 300	0,73	50 %
Herstellkosten insgesamt	146 300	14,63	
fix p. a.	74 705		
proportional DM/Einheit		7,16	
Herstellkosten ausgabewirksam			
fix p. a.	35 820		
proportional DM/Einheit		7,00	

14. Andere Kosten

Kosten des Vertriebs	4,42 % auf Investitionsausg.	= DM 21 658,—
Umsatzabhäng. Kosten	4,— DM/Einheit	= DM 40 000,—
Übrige Kosten	4,5 % auf Investitionsausg.	= DM 22 050,—
		DM 83 708,—

(2) Rendite der Differenzinvestition (in 1000 DM)

Barwert d. Investitionsausgaben				Barwert zu 30 %		Barwert zu 40 %	
				Faktor	Barwert	Faktor	Barwert
Großreparatur				1.0000	65,0	1.0000	65,0
Kapitalbasis					65,0		65,0
Barwert des Einnahmenüberschusses							
Jahr	ohne[1]	mit[2]	Differenz				
1	66,1	85,5	19,4	0,8640	16,8	0,8242	16,0
2	61,1	80,5	19,4	0,6400	12,4	0,5525	10,7
3	51,1	70,5	19,4	0,4741	9,2	0,3703	7,2
4	41,1	60,5	19,4	0,3513	6,8	0,2482	4,8
5	—	60,5	60,5	0,2602	15,7	0,1664	10,1
6	—	60,5	60,5	0,1928	11,7	0,1115	6,7
					72,6		55,5
Quotient					0,895		1,171
Effektive Rendite					34,4 %		
Kapitalbasis der Differenzinvestition					65,0		

(2) *Stillegung der alten Anlage und Verzicht auf ihre Leistung vs. Weiterbetrieb der Anlage mit zusätzlichem Kapitaleinsatz*

Voraussetzung für diese Art der Investitionsrechnung ist, daß die alte Anlage ohne weiteren Kapitaleinsatz nicht weiter betriebsfähig ist und die Unternehmung auf ihre Leistung verzichten kann.

Ist die alte Anlage ohne weiteren Kapitaleinsatz nicht mehr betriebsfähig, so ist die Rendite des neuen Kapitaleinsatzes so zu berechnen,

1 Erlös 275 000,— abzüglich ausgabewirksame Kosten 208 853 = 66 147,— usw. in den Folgejahren.
2 Erlös 275 000,— abzüglich ausgabewirksame Kosten 189 528 = 85 472,— usw. in den Folgejahren.

als ob es sich um eine selbständige neue Investition handeln würde. In diesem Falle werden also den zusätzlichen Investitionsausgaben und dem cash flow aus der alten Anlage, auf den der Investor bei Weiterführung der Anlage verzichtet, die gesamten Einnahmen gegenübergestellt, welche die Unternehmung aus dem Weiterbetrieb der Anlage während ihrer restlichen Lebensdauer noch gewinnen könnte. Auf dieser Basis wird dann die Rendite des neuen Kapitaleinsatzes berechnet.

Alte Anlage mit neuen Kapitaleinsatz (1)	Alte Anlage ohne neuen Kapitaleinsatz (2)	Differenzinvestition (1) — (2)
Investitionsausgaben	— cash flow aus der alten Anlage	Kapitalbasis der Differenzinvestition
Einnahmenüberschuß während der Restlebensdauer		cash flow der Differenzinvestition
		Rendite der Differenzinvest.

Können der Anlage keine Erträge sondern nur Kosten zugerechnet werden, so ist dieser Investitionsvergleich nicht möglich.

Wenn einer Anlage nur Kosten zugerechnet werden können, so ist

1. die Betriebsnotwendigkeit der Anlage zu prüfen und, wenn das geschehen ist,
2. die Kosten dieser Anlage an der nächst günstigeren Alternative zur Herstellung dieser Leistung zu messen; beispielsweise Fremdbezug vs. Eigenerstellung.

Zu wählen ist die Alternative mit der höchsten Rendite, wobei jede Alternative, die Kapitaleinsatz erfordert, mindestens die geforderte Mindestrendite bringen muß.

BEISPIEL 25: INVESTITIONSRECHNUNG BEI WEITEREM KAPITALEINSATZ INNERHALB EINER BESTEHENDEN ANLAGE

b) Weiterbetrieb der Anlage mit zusätzlichem Kapitaleinsatz vs. Stilllegung der Anlage

Berechnung der Investitionsrendite (1000 DM)

				Barwert zu 20 %		Barwert zu 25 %	
				Faktor	Barwert	Faktor	Barwert
Barwert der Investitionsausgaben							
Großreparatur				1,0000	65,0	1,0000	65,0
+ cash flow im Fall der Stillegung[1] DM 240 000,–				1,0000	240,0	1,0000	240,0
— cash flow aus Umlaufvermögen nach 6 Jahren DM 180 000,—				0,3012	—54,2	0,2231	—40,2
					250,8		264,8
Barwert des Einnahmenüberschusses							
Jahr	Einnahmen	Ausgaben	Differenz				
1	275,0	189,5	85,5	0,9063	77,5	0,8848	75,7
2	270,0	189,5	80,5	0,7421	59,7	0,6891	55,5
3	260,0	189,5	70,5	0,6075	42,8	0,5367	37,8
4	250,0	189,5	60,5	0,4974	30,1	0,4179	25,3
5	250,0	189,5	60,5	0,4072	24,6	0,3255	19,7
6	250,0	189,5	60,5	0,3334	20,2	0,2535	15,3
					254,9		229,3
Quotienten:					0,984		1,155
Effektive Rendite					20,1 %		
Kapitalbasis der Differenzinvestition					251,1		

Die Rendite des neuen Kapitaleinsatzes ist bei dieser Berechnung also viel niedriger als dann, wenn der neue Kapitaleinsatz an der Alternative eines Weiterbetriebs der alten Anlage gemessen wird (Beispiel 25 a a. S. 122 f.). Das liegt daran, daß hier die mögliche Kapitalfreisetzung aus der alten Anlage als neue Investition bewertet wird, da der Investor bei Weiterbetrieb der Anlage auf diesen cash flow verzichtet. Liegt die geforderte Mindestrendite über 20,1 %, so ist unter wirtschaftlichen Gesichtspunkten die Anlage stillzulegen, vorausgesetzt, daß die Unternehmung auf die durch sie erstellten Leistungen verzichten kann. Dieses Beispiel zeigt also, daß der erstgenannte Investitionsvergleich dann, wenn aus der Anlage wesentliche Kapitalbeträge freigesetzt werden können, weil die Unternehmung auf ihre Leistung verzichten kann, zu falschen Ergebnissen führen muß. Denn auf diese Kapitalbeträge, die freigesetzt werden können, muß die Investition während ihrer Laufzeit mindestens die geforderte Mindestrendite bringen; andernfalls ist sie stillzulegen.

Stehen mehrere Alternativen für eine Investition zur Auswahl und kann auf die durch sie erstellte Leistung verzichtet werden, so muß der Investitionsvergleich stets von einer Investitionsrechnung ausgehen, welche die verschiedenen Möglichkeiten zu neuem Kapitaleinsatz (Ersatzinvestition oder Großreparatur) an der Stillegung der Anlage und

[1] Veräußerungswert, indir. Kapitaleinsatz, Umlaufvermögen

dem Verzicht auf ihre Leistung mißt. Sonst sind Fehlentscheidungen nicht zu vermeiden und namentlich dort sehr wahrscheinlich, wo in der alten Anlage in einem erheblichen Umfang Umlaufvermögen gebunden ist, das ohne Wertverlust wieder freigesetzt werden kann, wenn auf den Weiterbetrieb der Anlage verzichtet wird.

Kann auf die durch die Anlage erstellte Leistung nicht verzichtet werden, so muß die Investition vorgenommen werden, auch wenn sie nicht die geforderte Mindestrendite erreicht, es sei denn, es bestünde eine andere günstigere Alternative, beispielsweise eine Ersatzinvestition. In diesem Falle sind die verschiedenen Alternativen an dem Weiterbetrieb der alten Anlage zu messen — vorausgesetzt, daß ein solcher Weiterbetrieb technisch möglich ist (s. Seite 122, Beispiel 25 a).

(3) *Weiterbetrieb der alten Anlage ohne weiteren Kapitaleinsatz vs. Ersatzinvestition*

Voraussetzung für diese Investitionsrechnung ist, daß die Möglichkeit zu einer Ersatzinvestition besteht. Dann muß diese Alternative berechnet werden, um festzustellen, ob der Kapitaleinsatz der Ersatzinvestition die geforderte Mindestrendite bringt.

Voraussetzung ist ferner, daß die Unternehmung auf die von der Anlage erstellte Leistung nicht verzichten kann; kann sie hierauf verzichten, so ist der wirtschaftliche Wert der Ersatzinvestition wie der einer neuen Investition zu berechnen, deren Kapitalbasis in diesem Falle aus den Investitionsausgaben der neuen Investition abzüglich der möglichen Kapitalfreisetzung bei Stillegung der alten Anlage besteht. In dem folgenden Beispiel wird davon ausgegangen, daß die Unternehmung auf die von der Anlage erstellte Leistung nicht verzichten kann; dieser Fall ist wohl die Regel. Würden wir nicht von dieser Annahme ausgehen, so würde die Kapitalbasis der Ersatzinvestition nicht rd. DM 227 500 bei einer effektiven Rendite von 28,4 % betragen, sondern DM 580 000 (Investitionsausgaben) — DM 240 000 (cash flow aus der alten Anlage) = DM 340 000. Die Kapitalbasis wäre in diesem Falle also höher als die in unserem Beispiel und die Rendite der Investition entsprechend geringer.

Können der Investition keine Erträge zugerechnet werden, erstreckt sich der Investitionsvergleich also nur auf die Kostenseite, so muß die Ersatzinvestition auf die gleiche Leistungseinheit wie die alte Anlage umgerechnet werden. Hat die Anlage selbständige Erträge, so ist diese Umrechnung nicht nötig. Die Berechnung der Kapitalbasis und des Einnahmenüberschusses der Ersatzinvestition ist bereits behandelt worden.

BEISPIEL 25: INVESTITIONSRECHNUNG BEI WEITEREM KAPITALEINSATZ INNERHALB EINER BESTEHENDEN ANLAGE

c) Weiterbetrieb der alten Anlage ohne weiteren Kapitaleinsatz vs. Ersatzinvestition

(1) Wirtschaftliche Daten der Ersatzinvestition

1.	Investitionsausgaben (1000 DM)	
	Anlagevermögen	280,0
	Umlaufvermögen	220,0
	Indirekt	80,0
		580,0
2.	Wirtschaftliche Lebensdauer	10 Jahre
3.	Veräußerungswert am Ende der Lebensdauer	0
4.	Leistung	15 000 E/p. a.
5.	Leistungsabgabe	100 %

6. Herstellkosten bei voller Kapazitätsausnutzung

	Kosten/p. a.	Kosten/E	Variator
Materialkosten	91 200	6,08	85 %
Personalkosten	16 500	1,10	0 %
Energiekosten	22 500	1,50	90 %
Kapitalkosten	32 500	2,17	0 %
Sonstige Kosten	7 800	0,52	0 %
Herstellkosten insgesamt	170 500	11,37	
fix p. a.	72 730		
proportional DM/Einheit		6,518	
Herstellkosten ausgabewirksam			
fix p. a.	40 230		
proportional DM/Einheit		6,38	

7. Andere Kosten

Kosten des Vertriebs	4,42 % v. Investitionsausgaben	= 25 636
Umsatzabhängige Kosten	4,— DM/Einheit	= 60 000
Übrige Kosten	4,5 % v. Investitionsausgaben	= 26 100
		111 736

(2) Rendite der Differenzinvestition

Barwert der Investitionsausgaben

	Barwert zu 27 % Faktor	Barwert zu 27 % Barwert	Barwert zu 32 % Faktor	Barwert zu 32 % Barwert
Ersatzinvestition	1,0000	580,0	1,0000	580,0
— gegenwärtiger cash flow aus der alten Anlage	1,0000	—240,0	1,0000	—240,0
+ $R_{\overline{0\|}\,10-\infty}$ R = 360,0[1]	$\frac{1}{13{,}88}$	+ 25,9	$\frac{1}{23{,}51}$	+ 15,3
— $R_{\overline{0\|}\,4-\infty}$ R = 360,0[1]	$\frac{5{,}05}{13{,}88}$	—131,0	$\frac{6{,}82}{23{,}51}$	—104,4
— Barwert des Umlaufvermögens der Ersatzanlage DM 220,0 n = 4	0,3396	— 74,7	0,2780	— 61,2
+ Barwert des cash flow aus der alten Anlage am Ende ihrer wirtschaftlichen Lebensdauer DM 180,0 n = 4	0,3396	+ 61,1	0,2780	+ 50,0
		+ 221,3		+ 239,7

Barwert des Einnahmenüberschusses

Jahr	Alte Anlage	Neue Anlage[2]	Differenz	Faktor 27 %	Barwert 27 %	Faktor 32 %	Barwert 32 %
1	66,1	164,8	98,7	0,8764	86,5	0,8558	84,5
2	61,1	157,3	96,2	0,6690	64,4	0,6214	59,8
3	51,1	142,3	91,2	0,5107	46,6	0,4512	41,1
4	41,1	127,3	86,2	0,3899	33,6	0,3277	28,2
					231,1		213,6
Quotienten:					0,738		1,395
Effektive Rendite					28,4 %		
Kapitalbasis der Differenzinvestition					226,5		

Hiernach stehen sich gegenüber:

Kapitalbasis bei Großreparatur	65,0
Rendite	34,4 %
und	
Kapitalbasis bei Ersatzinvestition	226,5
Rendite	28,4 %

Hiernach ist die Reparatur der Anlage die unter wirtschaftlichen Gesichtspunkten beste Alternative, weil bei ihr das Verhältnis zwischen Kapitaleinsatz und Einnahmenüberschuß der Differenzinvestition am günstigsten ist[3].

1 Anlagevermögen der Ersatzanlage zuzüglich indirekter Kapitaleinsatz.

2 Erlös 412 500 abzüglich ausgabewirksame Kosten 247 666 = 164 834.

3 In der abstrakten Theorie der Investitionsrechnung wird diese These bestritten mit dem Einwand, daß nicht die Investition zu wählen ist, welche die höchste Rendite bringt, sondern diejenige, welche zu dem höchsten absoluten Gewinn führt. Das wäre in unserem Beispiel nicht die Großreparatur, sondern die Ersatzinvestition. Dieser Schlußfolgerung ist unter den Annah-

Maßgebend für die Investitionsentscheidung ist also, wenn mehrere Investitionsalternativen zur Verfügung stehen, nur die Rendite der Differenzinvestition. Die Bildung der Differenzinvestition erfolgt immer im Verhältnis zu der Alternative, welche den geringsten Kapitaleinsatz erfordert, oder — falls das möglich ist — die größte Kapitalfreisetzung ermöglicht. Bei dem hier behandelten Investitionsvergleich ist also von folgenden Regeln auszugehen:

1. Besteht die Möglichkeit, die alte Anlage stillzulegen, kann die Unternehmung also auf deren Leistung verzichten, so sind alle Investitionsalternativen an dieser Alternative zu messen.
2. Kann die Unternehmung auf die von der Anlage erstellte Leistung nicht verzichten und besteht die Möglichkeit, die alte Anlage ohne weiteren Kapitaleinsatz weiter zu betreiben, so sind alle Investitionsalternativen an dieser Alternative zu messen.
3. Besteht die Möglichkeit, die Anlage ohne Kapitaleinsatz weiter zu betreiben nicht und kann die Unternehmung die von der alten Anlage erstellte Leistung nicht verzichten, so sind alle Investitionsalternativen an derjenigen zu messen, welche den geringsten Kapitaleinsatz erfordert.

   Werden diese Regeln nicht beachtet, so kann die Berechnung der Rendite der Differenzinvestition zu falschen Ergebnissen führen.
4. Bei der Beurteilung der Differenzinvestition kommt es nie auf die absolute Höhe des Einnahmenüberschusses an, den sie bringt, sondern nur auf die Rendite, die sich aus diesem Einnahmenüberschuß der Differenzinvestition, bezogen auf ihren Kapitalmehreinsatz, ergibt.

men, von denen die abstrakte Theorie ausgeht, zuzustimmen. Dabei wird jedoch vorausgesetzt, daß die Unternehmung weder jetzt noch in absehbarer Zeit andere Möglichkeiten ertragbringender Kapitalinvestition hat; ferner, daß kein Kapitalrisiko besteht oder doch, wenn es besteht, daß dieses Risiko ziffernmäßig genau berücksichtigt werden kann. Ferner wird vorausgesetzt, daß es kein finanzielles Risiko gibt, das die Unternehmung dazu zwingt, Liquiditätsreserven zu unterhalten oder Fremdkapital zu tilgen, auch dann, wenn sich in diesen Kapitalverwendungsrichtungen eine Kapitalrendite ergibt, die weit unter der Rendite der betrieblichen Investitionen liegt. Insgesamt wird hier also vorausgesetzt, daß die Erwerbswirtschaft in ihrer Gegenwart und ihrer Zukunft, ihren Erwerbschancen und Risiken in einem geschlossenen mathematischen Modell erfaßt werden kann. Von dieser Annahme kann die Theorie ausgehen; in der Wirklichkeit zeigt sich aber, daß diese systematische Geschlossenheit und vollständige Transparenz nicht gegeben ist. Hier müssen wir also davon ausgehen, daß die Unternehmung dann, wenn sie für das einzelne Investitionsprojekt das günstigste Verhältnis zwischen Kapitaleinsatz und Kapitalertrag, also die höchste Kapitalrendite sucht, die größte Wahrscheinlichkeit hat, für die Unternehmung insgesamt einen maximalen Nutzen zu realisieren, d. h. höchstmöglichen Ertrag mit einem geringsten Kapitalrisiko zu erreichen. Es mag extreme Ausnahmefälle geben, in denen die Alternative der Kapitalverwendung so homogen und begrenzt ist, wie es in der abstrakten Theorie vorausgesetzt wird; praktisch spielt ein solches Modell aber wohl kaum eine Rolle.

Exkurs: Zur Bedeutung der Investitionsrendite nach der discounted cash flow method für die unternehmerische Disposition

Nach der discounted cash flow method wird die Rendite einer Investition als der Zinssatz bestimmt, zu dem der Barwert der Einnahmenüberschüsse, die aus der Investition fließen, gleich ist dem auf den Zeitpunkt der Inbetriebnahme aufgezinsten Endwert der Kapitalausgaben, die zur Erstellung der Investition erforderlich sind. Denn, wenn diese Gleichung gegeben ist, so bedeutet das, daß der Investor auf die Kapitalausgaben der Investition durch die von ihr bewirkten Einnahmenüberschüsse eine Verzinsung in der durch diesen Zinssatz bezeichneten Höhe erzielt.

Also beispielsweise:

Kapitalausgaben	2 003,70
Einnahmenüberschuß	
1. Jahr	1 000,00
2. Jahr	1 000,00
3. Jahr	1 000,00
	3 000,00

ergibt Quotient 0,6679 = 29 % bei n = 3 (Zinstafel B II)

Man muß sich darüber im klaren sein, was dieser Einnahmenüberschuß und dessen Ausdruck als Kapitalrendite in einem Zinssatz für die Unternehmung und die Unternehmerdisposition bedeutet.

Für die Unternehmung bedeutet dieser Einnahmenüberschuß, daß in jedem Jahr ein bestimmter Kapitalbetrag wieder zur Verfügung steht und — entsprechend unserer Voraussetzung, daß ständig über Kapital disponiert wird — wieder werbend angelegt oder zur Begleichung der allgemeinen Ausgaben aus dem Geschäftsbetrieb der Unternehmung verwandt werden kann. Diese weitere Anlage des aus der Investition fließenden Einnahmenüberschusses ist eine neue Investition, die von der in Frage stehenden sorgsam unterschieden werden muß. Die Rendite und Laufzeit dieser neuen Investition hat mit der Rendite der ursprünglichen Investition nichts zu tun und kann diese nicht beeinflussen. In dieser Rechnung wird also das wirtschaftliche Schicksal der Einnahmenüberschüsse, die aus der Investition fließen, nicht weiter verfolgt, und nur die objektive Rendite, wie sie sich aus den tatsächlichen Einnahmen und Ausgaben dieser Investition ergibt, ermittelt. Ihren Ausdruck findet diese Rendite in der angegebenen Zinshöhe von 29 %. Um die Ertragskraft einer Investition zu beziffern, bedienen wir uns also des Zinsfußes als eines Vergleichsmaßstabes, und sagen also, daß eine Investition unter den angegebenen Bedingungen eine Rendite bringt, die, wenn wir sie mittels eines Zinsfußes zum Ausdruck bringen, einem stetigen Zins auf das eingesetzte Kapital in Höhe von 29 % entspräche. Dieser Zinsfuß ist der Vergleichsmaßstab mittels dessen wir die Renditen verschiedener Investitionen rechnerisch in der selben Weise zum Ausdruck bringen können. Er bezeichnet den objektiven Nutzen der Investition als solcher im Vergleich zum Nutzen anderer Investitionen. Die Berechnung dieser Rendite hat nicht zur Voraussetzung, daß wir den aus der Investition fließenden Einnahmenüberschuß zu der Rendite der Investition wieder anlegen.

Das kann leicht demonstriert werden, wenn wir die Kapitalbewegungen dieser Investition betrachten:

	Kapital am Beginn der Periode	hierauf 29 % Zins[1]	Kapital + Zins	Auszahlung = Einnahmenüberschuß[2]
1	2 003,70	674,04	2 677,74	1 160,10
2	1 517,64	510,53	2 028,17	1 160,10
3	868,07	292,03	1 160,10	1 160,10

Das in der Investition gebundene Kapital bringt also zu jedem Zeitpunkt seiner Bindung eine Rendite von 29 %, unabhängig davon, wie die aus der Investition fließenden Einnahmenüberschüsse angelegt werden. Selbst wenn diese Einnahmenüberschüsse, nachdem sie erzielt sind, verloren gingen, würde sich hierdurch nichts an der Rendite der Investition ändern. Denn die Rendite der Investition bezeichnet nur den Satz, zu dem sich das in der Investition jährlich gebundene Kapital verzinst. Das ist die objektive Rendite der Investition, die den Nutzen dieser Investition für die Unternehmung bezeichnet. An ihr muß sich die Investitionslenkung ausrichten. Es muß nochmals ausdrücklich betont werden, daß wir bei dieser Renditenermittlung nach der discounted cash flow method nicht voraussetzen, daß der Einnahmenüberschuß aus der Investition zu der selben Rendite, wie sie der Rendite der Investition entspricht, angelegt wird. Über diese Wiederanlage wird hier keine Aussage gemacht. Das ist vielmehr Aufgabe einer neuen Investitionsentscheidung der Unternehmung, falls diese Mittel wieder in die Investitionen fließen. Auch in der Art der Investitionsrechnung liegt keine derartige Voraussetzung; denn wenn wir sagen, daß die Rendite einer Investition, die aus einer Kapitalausgabe von DM 2 003,70 und drei Kapitaleinnahmen von je DM 1 000,— besteht, ihren Ausdruck, gemessen an einer stetigen Verzinsung des eingesetzten Kapitals in einem Zinssatz von 29 % findet, so ist das objektiv richtig. Denn gemessen

1 Ein Kapital von DM 1,— bringt zu 29 % stetige Zinsen einen Zins von 0,3364 DM in einem Jahr (Zinstafel A I).

2 Der Einnahmenüberschuß fällt kontinuierlich im Jahr an; der Tilgungsplan ist aber jährlich aufgestellt. In dieser Darstellung müssen wir also statt der DM 1 000,— des Beispiels deren Endwert nach einem Jahr in den Tilgungsplan einsetzen. Das sind 1 000 · 1,1601 = 1 160,10 DM (Zinstafel A II).

an einem solchen Zins sind Endwert der Kapitalausgaben und Barwert der Kapitaleinnahmen gleich.
Eine ganz andere und viel diskutierte Frage ist, ob bei der Berechnung der Kapitalrendite einer Investition die Rendite der Anlagemöglichkeiten des Einnahmenüberschusses aus dieser Investition berücksichtigt werden sollte. Das würde mit Sicherheit zu willkürlichen Rechnungen führen und die Aussagefähigkeit der Investitionsrechnung in Frage stellen:

1. Die Rendite einer möglichen Wiederanlage des Kapitalrückflusses aus der Investition kann nur mit größter Ungenauigkeit geschätzt werden. Auf die Problematik der Bestimmung eines solchen Kalkulationszinsfußes ist an anderer Stelle bereits hingewiesen worden[1]. Der mechanische Anschluß an die Vergangenheit ist nicht zulässig. Die Übertragung derartiger Verhältnisse oder gar Prognosen über das wirtschaftliche Schicksal desjenigen Teils des Kapitalrückflusses, der gerade aus dieser bestehenden Investition in dieser bestimmten Periode ausgezahlt wird, ist nur mit Willkür möglich.
2. Wenn wir zulassen würden, daß eine solche geschätzte Rendite der Wiederanlage die objektive Rendite der Investition in der Investitionsentscheidung beeinflußt, wären falsche Einschätzungen der Investitionsprojekte unvermeidlich. Der Einnahmenüberschuß könnte beispielsweise wieder für die Restlaufzeit der Investition mit 29 % verzinslich angelegt werden und dann ergäbe sich für die ursprüngliche Investition und diese neue Anlage zusammen wieder eine Rendite von 29 %; oder er könnte für die Restlaufzeit der Investition zu 10 % angelegt werden und dann ergäbe sich für die ursprüngliche Investition und diese neue Anlage zusammen eine Rendite von rund 18,5 %; oder er könnte für die Restlaufzeit der Investition zu 50 % angelegt werden, wobei sich für beide Investitionen zusammen eine Rendite von rund 41,5 % ergäbe; oder er könnte bis zu einem Zeitpunkt von 10 Jahren nach Inbetriebnahme der Investition ertragslos in der Kasse der Unternehmung liegen, woraus sich eine Gesamtrendite für die ursprüngliche Investition und diese Anlage von rund 4 % ergäbe; er könnte schließlich unendlich lang für 5 % angelegt werden, was die Rendite dieser Gesamtanlage auf rund 5 % senken würde usw. Selbst eine Investition, die als solche 0 % Rendite aufweist, würde auf diese Weise — bei Annahme, ihr Kapitalrückfluß könnte für einen längeren Zeitraum rentabel angelegt werden — die Mindestrendite erreichen und so als Kapitaleinsatz gerechtfertigt werden.
3. Es besteht, wenn schon derartige Annahmen gemacht werden, kein zwingender Grund, den Zeitraum der Anlage des Einnahmenüber-

[1] H. Jonas, Zur Methode der Rentabilitätsrechnung beim Investitionsvergleich, Zeitschrift für Betriebswirtschaft 1961, Nr. 1.

schusses auf die Restlebensdauer der Investition zu beschränken. Die eine Annahme ist so gut wie jede andere. Auch hier zeigen die obigen Beispiele, daß allein durch die Annahme unterschiedlicher Anlagenzeiträume die Rendite der ursprünglichen Investition wesentlich beeinflußt werden kann. Ja, es ist sogar schon eine Annahme, die nicht bewiesen ist, daß diese Einnahmenüberschüsse überhaupt wieder investiert — also in Kapitaleinsatz umgewandelt werden. Diese Mittel könnten genau so gut für Steuerzahlungen zur Bezahlung von Kreditoren, zur Finanzierung zinsloser Belegschaftsdarlehen usw. Verwendung finden.

Es ist wohl unschwer einzusehen, daß eine aus so heterogenen Elementen, aus so problematischen Annahmen gebildete Investitionsrendite wenig praktischen Wert hat. Nur die objektive Rendite der Investition, so wie sie sich aus den durch sie bewirkten Einnahmen und Ausgaben ergibt, ist Ziel der Investitionsrechnung und Maßstab für die Investitionsentscheidung.

ZINSTAFELN ZUR INVESTITIONSRECHNUNG

A. AUFZINSUNGSTAFELN

I. **Endwert eines Kapitals** nach Laufzeit von

	1%	2%	3%	4%	5%	6%	7%	8%	9%	10%
1 Monat	1.0008	1·0017	1.0025	1.0033	1.0042	1.0050	1.0059	1.0067	1.0075	1.0084
2 Monate	1.0017	1.0033	1.0050	1.0067	1.0084	1.0101	1.0117	1.0134	1.0151	1.0168
3 Monate	1.0025	1.0050	1.0075	1.0101	1.0126	1.0151	1·0177	1.0202	1.0228	1.0253
6 Monate	1.0050	1.0101	1.0151	1.0202	1.0253	1.0305	1.0356	1.0408	1.0460	1.0513
9 Monate	1.0075	1.0151	1.0228	1.0305	1.0382	1.0460	1.0539	1.0618	1.0698	1.0779
12 Monate	1.0101	1.0202	1.0305	1.0408	1.0513	1.0618	1.0725	1.0833	1.0942	1.1052
1½ Jahre	1.0151	1.0305	1.0460	1.0618	1.0779	1.0942	1.1107	1.1275	1.1445	1.1618
2 Jahre	1.0202	1.0408	1.0618	1.0833	1.1052	1.1275	1.1503	1.1735	1.1972	1.2214
2½ Jahre	1.0253	1.0513	1.0779	1.1052	1.1331	1.1618	1.1912	1.2214	1.2523	1.2840
3 Jahre	1.0305	1.0618	1.0942	1.1275	1.1618	1.1972	1.2337	1.2712	1.3100	1.3499

II. **Endwert einer kontinuierlichen Rente dividiert durch n** mit Laufzeit von

3 Monate	1.0013	1.0025	1.0038	1.0050	1.0063	1.0075	1.0088	1.0101	1.0113	1.0126
6 Monate	1.0025	1.0050	1.0075	1.0101	1.0126	1.0152	1.0177	1.0203	1.0228	1.0254
9 Monate	1.0038	1.0075	1.0113	1.0152	1.0190	1.0228	1.0267	1.0306	1.0345	1.0385
12 Monate	1.0050	1.0101	1.0152	1.0203	1.0254	1.0306	1.0358	1.0411	1.0464	1.0517
2 Jahre	1.0101	1.0203	1.0306	1.0411	1.0517	1.0625	1.0734	1.0844	1.0956	1.1070
3 Jahre	1.0152	1.0306	1.0464	1.0625	1.0789	1.0956	1.1128	1.1302	1.1480	1.1662

III. **Endwert einer aufgeschobenen kontinuierlichen Rente dividiert durch n** mit Laufzeit von

0—1 Jahr	1.0050	1.0101	1.0152	1.0203	1.0254	1.0306	1.0358	1.0411	1.0464	1.0517
1—2 Jahre	1.0152	1.0305	1.0462	1.0619	1.0780	1.0943	1.1109	1.1278	1.1450	1.1623
2—3 Jahre	1.0253	1.0513	1.0779	1.1053	1.1333	1.1620	1.1915	1.2217	1.2528	1.2845

A. AUFZINSUNGSTAFELN

I. **Endwert eines Kapitals** nach Laufzeit von

	11 %	12 %	13 %	14 %	15 %	16 %	17 %	18 %	19 %	20 %
1 Monat	1.0092	1.0101	1.0109	1.0117	1.0126	1.0134	1.0143	1.0151	1.0160	1.0168
2 Monate	1.0185	1.0202	1.0219	1.0236	1.0253	1.0270	1.0287	1.0305	1.0322	1.0339
3 Monate	1.0279	1.0305	1.0330	1.0356	1.0382	1.0408	1.0434	1.0460	1.0486	1.0513
6 Monate	1.0565	1.0618	1.0672	1.0725	1.0779	1.0833	1.0887	1.0942	1.0997	1.1052
9 Monate	1.0860	1.0942	1.1024	1.1107	1.1191	1.1275	1.1360	1.1445	1.1532	1.1618
12 Monate	1.1163	1.1275	1.1388	1.1503	1.1618	1.1735	1.1853	1.1972	1.2092	1.2214
1½ Jahre	1.1794	1.1972	1.2153	1.2337	1.2523	1.2712	1.2905	1.3100	1.3298	1.3499
2 Jahre	1.2461	1.2712	1.2969	1.3231	1.3499	1.3771	1.4049	1.4333	1.4623	1.4918
2½ Jahre	1.3165	1.3499	1.3840	1.4191	1.4550	1.4918	1.5296	1.5683	1.6080	1.6487
3 Jahre	1.3910	1.4333	1.4770	1.5220	1.5683	1.6161	1.6653	1.7160	1.7683	1.8221

II. **Endwert einer kontinuierlichen Rente dividiert durch n** mit Laufzeit von

3 Monate	1.0139	1.0152	1.0164	1.0177	1.0190	1.0203	1.0216	1.0228	1.0241	1.0254
6 Monate	1.0280	1.0306	1.0332	1.0358	1.0385	1.0411	1.0437	1.0464	1.0490	1.0517
9 Monate	1.0424	1.0463	1.0504	1.0544	1.0584	1.0624	1.0666	1.0706	1.0748	1.0789
12 Monate	1.0571	1.0625	1.0679	1.0734	1.0789	1.0844	1.0900	1.0956	1.1013	1.1070
2 Jahre	1.1185	1.1302	1.1420	1.1540	1.1662	1.1785	1.1910	1.2037	1.2165	1.2296
3 Jahre	1.1848	1.2037	1.2230	1.2428	1.2629	1.2835	1.3045	1.3259	1.3478	1.3702

III. **Endwert einer aufgeschobenen kontinuierlichen Rente dividiert durch n** mit Laufzeit von

0—1 Jahr	1.0571	1.0625	1.0679	1.0734	1.0789	1.0844	1.0900	1.0956	1.1013	1.1070
1—2 Jahre	1.1800	1.1980	1.2161	1.2347	1.2535	1.2725	1.2920	1.3117	1.3317	1.3521
2—3 Jahre	1.3173	1.3507	1.3850	1.4202	1.4564	1.4933	1.5313	1.5703	1.6104	1.6514

A. AUFZINSUNGSTAFELN

I. **Endwert eines Kapitals** nach Laufzeit von

	21 %	22 %	23 %	24 %	25 %	26 %	27 %	28 %	29 %	30 %
1 Monat	1.0177	1.0185	1.0194	1.0202	1.0211	1.0219	1.0228	1.0236	1.0245	1.0253
2 Monate	1.0356	1.0373	1.0391	1.0408	1.0425	1.0443	1.0460	1.0478	1.0495	1.0513
3 Monate	1.0539	1.0565	1.0592	1.0618	1.0645	1.0672	1.0698	1.0725	1.0752	1.0779
6 Monate	1.1107	1.1163	1.1219	1.1275	1.1331	1.1388	1.1445	1.1503	1.1560	1.1618
9 Monate	1.1706	1.1794	1.1883	1.1972	1.2062	1.2153	1.2245	1.2337	1.2430	1.2523
12 Monate	1.2337	1.2461	1.2586	1.2712	1.2840	1.2969	1.3100	1.3231	1.3364	1.3499
1½ Jahre	1.3703	1.3910	1.4120	1.4333	1.4550	1.4770	1.4993	1.5220	1.5450	1.5683
2 Jahre	1.5220	1.5527	1.5841	1.6161	1.6487	1.6820	1.7160	1.7507	1.7860	1.8221
2½ Jahre	1.6905	1.7333	1.7771	1.8221	1.8682	1.9155	1.9640	2.0138	2.0647	2.1170
3 Jahre	1.8776	1.9348	1.9937	2.0544	2.1170	2.1815	2.2479	2.3164	2.3869	2.4596

II. **Endwert einer kontinuierlichen Rente dividiert durch n** mit Laufzeit von

3 Monate	1.0267	1.0280	1.0293	1.0306	1.0319	1.0332	1.0345	1.0358	1.0371	1.0385
6 Monate	1.0544	1.0571	1.0598	1.0625	1.0652	1.0679	1.0706	1.0734	1.0761	1.0789
9 Monate	1.0831	1.0872	1.0914	1.0957	1.0999	1.1042	1.1084	1.1128	1.1171	1.1214
12 Monate	1.1128	1.1185	1.1244	1.1302	1.1361	1.1420	1.1480	1.1540	1.1601	1.1662
2 Jahre	1.2428	1.2562	1.2697	1.2835	1.2974	1.3116	1.3259	1.3405	1.3552	1.3702
3 Jahre	1.3930	1.4164	1.4402	1.4645	1.4893	1.5147	1.5406	1.5671	1.5942	1.6218

III. **Endwert einer aufgeschobenen kontinuierlichen Rente dividiert durch n** mit Laufzeit von

0—1 Jahr	1.1128	1.1185	1.1244	1.1302	1.1361	1.1420	1.1480	1.1540	1.1601	1.1662
1—2 Jahre	1.3729	1.3938	1.4152	1.4367	1.4588	1.4811	1.5039	1.5269	1.5504	1.5743
2—3 Jahre	1.6937	1.7367	1.7812	1.8265	1.8731	1.9208	1.9700	2.0203	2.0719	2.1249

A. AUFZINSUNGSTAFELN

I. **Endwert eines Kapitals** nach Laufzeit von

	31 %	32 %	33 %	34 %	35 %	36 %	37 %	38 %	39 %	40 %
1 Monat	1.0262	1.0270	1.0279	1.0287	1.0296	1.0305	1.0313	1.0322	1.0330	1.0339
2 Monate	1.0530	1.0548	1.0565	1.0583	1.0601	1.0618	1.0636	1.0654	1.0672	1.0689
3 Monate	1.0806	1.0833	1.0860	1.0887	1.0914	1.0942	1.0969	1.0997	1.1024	1.1052
6 Monate	1.1677	1.1735	1.1794	1.1853	1.1912	1.1972	1.2032	1.2092	1.2153	1.2214
9 Monate	1.2618	1.2712	1.2808	1.2905	1.3002	1.3100	1.3198	1.3298	1.3398	1.3499
12 Monate	1.3634	1.3771	1.3910	1.4049	1.4191	1.4333	1.4477	1.4623	1.4770	1.4918
1½ Jahre	1.5920	1.6161	1.6405	1.6653	1.6905	1.7160	1.7419	1.7683	1.7950	1.8221
2 Jahre	1.8589	1.8965	1.9348	1.9739	2.0138	2.0544	2.0959	2.1383	2.1885	2.2255
2½ Jahre	2.1706	2.2255	2.2819	2.3396	2.3989	2.4596	2.5219	2.5857	2.6512	2.7183
3 Jahre	2.5345	2.6117	2.6912	2.7732	2.8577	2.9447	3.0344	3.1268	3.2220	3.3201

II. **Endwert einer kontinuierlichen Rente dividiert durch n** mit Laufzeit von

3 Monate	1.0398	1.0411	1.0424	1.0437	1.0451	1.0464	1.0477	1.0490	1.0504	1.0517
6 Monate	1.0817	1.0844	1.0872	1.0900	1.0928	1.0957	1.0985	1.1013	1.1042	1.1070
9 Monate	1.1258	1.1302	1.1346	1.1391	1.1435	1.1480	1.1525	1.1571	1.1616	1.1662
12 Monate	1.1723	1.1785	1.1848	1.1910	1.1973	1.2037	1.2101	1.2165	1.2230	1.2296
2 Jahre	1.3854	1.4008	1.4164	1.4322	1.4482	1.4645	1.4810	1.4977	1.5147	1.5319
3 Jahre	1.6500	1.6789	1.7083	1.7384	1.7692	1.8006	1.8328	1.8656	1.8991	1.9334

III. **Endwert einer aufgeschobenen kontinuierlichen Rente dividiert durch n** mit Laufzeit von

0—1 Jahr	1.1723	1.1785	1.1848	1.1910	1.1973	1.2037	1.2101	1.2165	1.2230	1.2296
1—2 Jahre	1.5983	1.6229	1.6481	1.6732	1.6991	1.7253	1.7519	1.7789	1.8064	1.8343
2—3 Jahre	2.1792	2.2350	2.2924	2.3509	2.4110	2.4729	2.5362	2.6012	2.6680	2.7365

A. AUFZINSUNGSTAFELN

I. **Endwert eines Kapitals** nach Laufzeit von

	41 %	42 %	43 %	44 %	45 %	46 %	47 %	48 %	49 %	50 %
1 Monat	1.0348	1.0356	1.0365	1.0373	1.0382	1.0390	1.0399	1.0408	1.0417	1.0425
2 Monate	1.0707	1.0725	1.0743	1.0761	1.0779	1.0797	1.0815	1.0833	1.0851	1.0869
3 Monate	1.1079	1.1107	1.1135	1.1163	1.1191	1.1219	1.1247	1.1275	1.1303	1.1331
6 Monate	1.2275	1.2337	1.2399	1.2461	1.2523	1.2586	1.2649	1.2712	1.2776	1.2840
9 Monate	1.3600	1.3703	1.3806	1.3910	1.4014	1.4120	1.4226	1.4333	1.4441	1.4550
12 Monate	1.5068	1.5220	1.5373	1.5527	1.5683	1.5841	1.6000	1.6161	1.6323	1.6487
1½ Jahre	1.8497	1.8776	1.9060	1.9348	1.9640	1.9937	2.0238	2.0544	2.0855	2.1170
2 Jahre	2.2705	2.3164	2.3632	2.4109	2.4596	2.5093	2.5600	2.6117	2.6645	2.7183
2½ Jahre	2.7871	2.8577	2.9300	3.0042	3.0802	3.1582	3.2381	3.3201	3.4042	3.4903
3 Jahre	3.4212	3.5254	3.6328	3.7434	3.8574	3.9749	4.0960	4.2207	4.3492	4.4817

II. **Endwert einer kontinuierlichen Rente dividiert durch n** mit Laufzeit von

3 Monate	1.0531	1.0544	1.0557	1.0571	1.0584	1.0598	1.0611	1.0625	1.0638	1.0652
6 Monate	1.1099	1.1128	1.1156	1.1185	1.1214	1.1244	1.1273	1.1302	1.1331	1.1361
9 Monate	1.1708	1.1754	1.1801	1.1848	1.1895	1.1942	1.1989	1.2037	1.2085	1.2133
12 Monate	1.2361	1.2428	1.2494	1.2562	1.2629	1.2697	1.2766	1.2835	1.2904	1.2974
2 Jahre	1.5494	1.5671	1.5851	1.6033	1.6218	1.6403	1.6596	1.6789	1.6984	1.7183
3 Jahre	1.9685	2.0043	2.0409	2.0784	2.1166	2.1557	2.1957	2.2366	2.2784	2.3211

III. **Endwert einer aufgeschobenen kontinuierlichen Rente dividiert durch n** mit Laufzeit von

0—1 Jahr	1.2361	1.2428	1.2494	1.2562	1.2629	1.2697	1.2766	1.2835	1.2904	1.2974
1—2 Jahre	1.8626	1.8915	1.9207	1.9505	1.9806	2.0113	2.0426	2.0743	2.1063	2.1390
2—3 Jahre	2.8066	2.8788	2.9526	3.0286	3.1062	3.1861	3.2681	3.3521	3.4383	3.5267

B. ABZINSUNGSTAFELN

I. **Barwert eines Kapitals** bei Fälligkeit nach

	1 %	2 %	3 %	4 %	5 %	6 %	7 %	8 %	9 %	10 %
1 Jahr	.9901	.9802	.9704	.9608	.9512	.9418	.9324	.9231	.9139	.9048
2 Jahre	.9802	.9608	.9418	.9231	.9048	.8869	.8694	.9521	.8353	.8187
3 Jahre	.9704	.9418	.9139	.8869	.8607	.8353	.8106	.7866	.7634	.7408
4 Jahre	.9608	.9231	.8869	.8521	.8187	.7866	.7558	.7261	.6977	.6703
5 Jahre	.9512	.9048	.8607	.8187	.7788	.7408	.7047	.6703	.6376	.6065
6 Jahre	.9418	.8869	.8352	.7866	.7408	.6977	.6571	.6187	.5827	.5488
7 Jahre	.9325	.8693	.8105	.7558	.7046	.6571	.6126	.5711	.5325	.4966
8 Jahre	.9232	.8521	.7865	.7262	.6702	.6189	.5712	.5272	.4866	.4493
9 Jahre	.9141	.8352	.7632	.6977	.6376	.5828	.5326	.4867	.4447	.4065
10 Jahre	.9048	.8187	.7408	.6703	.6065	.5488	.4966	.4493	.4066	.3679
15 Jahre	.8607	.7408	.6376	.5488	.4724	.4066	.3499	.3012	.2592	.2231
20 Jahre	.8187	.6703	.5488	.4493	.3679	.3012	.2466	.2019	.1653	.1353
25 Jahre	.7788	.6065	.4724	.3679	.2865	.2231	.1738	.1353	.1054	.0821
30 Jahre	.7408	.5488	.4066	.3012	.2231	.1653	.1225	.0907	.0672	.0498
35 Jahre	.7047	.4966	.3499	.2466	.1738	.1225	.0863	.0608	.0429	.0302
40 Jahre	.6703	.4493	.3012	.2019	.1353	.0907	.0608	.0408	.0273	.0183

II. **Barwert einer kontinuierlichen Rente dividiert durch n** mit Laufzeit von

	1 %	2 %	3 %	4 %	5 %	6 %	7 %	8 %	9 %	10 %
0 — 1 Jahr	.9950	.9901	.9851	.9803	.9754	.9706	.9658	.9610	.9563	.9516
0 — 2 Jahre	.9901	.9803	.9706	.9611	.9516	.9424	.9332	.9241	.9152	.9064
0 — 3 Jahre	.9852	.9706	.9563	.9424	.9285	.9152	.9019	.8890	.8763	.8638
0 — 4 Jahre	.9803	.9611	.9422	.9241	.9062	.8891	.8721	.8557	.8397	.8241
0 — 5 Jahre	.9755	.9516	.9285	.9064	.8847	.8640	.8437	.8241	.8052	.7868
0 — 6 Jahre	.9706	.9423	.9150	.8891	.8637	.8398	.8165	.7941	.7726	.7518
0 — 7 Jahre	.9659	.9332	.9018	.8722	.8436	.8166	.7905	.7656	.7418	.7190
0 — 8 Jahre	.9611	.9241	.8889	.8558	.8240	.7943	.7656	.7385	.7127	.6882
0 — 9 Jahre	.9564	.9152	.8762	.8398	.8051	.7727	.7419	.7127	.6852	.6592
0 — 10 Jahre	.9517	.9064	.8637	.8243	.7867	.7521	.7191	.6882	.6592	.6319
0 — 15 Jahre	.9288	.8640	.8050	.7521	.7033	.6595	.6191	.5822	.5486	.5177
0 — 20 Jahre	.9066	.8243	.7517	.6884	.6319	.5825	.5381	.4987	.4636	.4321
0 — 25 Jahre	.8851	.7870	.7031	.6322	.5706	.5181	.4721	.4322	.3975	.3670
0 — 30 Jahre	.8640	.7520	.6593	.5823	.5179	.4637	.4179	.3788	.3455	.3167
0 — 35 Jahre	.8437	.7191	.6191	.5381	.4721	.4179	.3729	.3354	.3038	.2771
0 — 40 Jahre	.8247	.6884	.5819	.4988	.4321	.3791	.3354	.2996	.2701	.2453

III. **Barwert einer kontinuierlichen aufgeschobenen Rente dividiert durch n**

von .... bis	1 %	2 %	3 %	4 %	5 %	6 %	7 %	8 %	9 %	10 %
0 — 1 Jahr	.9950	.9901	.9851	.9803	.9754	.9706	.9658	.9610	.9563	.9516
1 — 2 Jahre	.9851	.9705	.9560	.9418	.9278	.9141	.9005	.8872	.8740	.8611
2 — 3 Jahre	.9753	.9512	.9278	.9049	.8826	.8608	.8396	.8189	.7988	.7791
3 — 4 Jahre	.9656	.9324	.9004	.8694	.8395	.8107	.7829	.7560	.7300	.7050
4 — 5 Jahre	.9560	.9140	.8737	.8353	.7986	.7635	.7299	.6979	.6672	.6379
5 — 6 Jahre	.9465	.8959	.8479	.8026	.7596	.7190	.6806	.6442	.6098	.5772
6 — 7 Jahre	.9371	.8781	.8229	.7711	.7226	.6772	.6346	.5947	.5573	.5223
7 — 8 Jahre	.9278	.8607	.7985	.7409	.6874	.6377	.5917	.5490	.5093	.4726
8 — 9 Jahre	.9185	.8437	.7749	.7118	.6538	.6006	.5517	.5068	.4665	.4276
9 — 10 Jahre	.9094	.8270	.7520	.6839	.6219	.5656	.5144	.4678	.4254	.3869
5 — 10 Jahre	.9278	.8611	.7993	.7421	.6891	.6400	.5946	.5525	.5135	.4773
10 — 11 Jahre	.9003	.8106	.7298	.6571	.5916	.5327	.4796	.4318	.3888	.3501
11 — 12 Jahre	.8914	.7946	.7082	.6312	.5628	.5016	.4472	.3986	.3553	.3168
12 — 13 Jahre	.8825	.7788	.6873	.6065	.5353	.4724	.4169	.3680	.3248	.2866
13 — 14 Jahre	.8737	.7634	.6670	.5827	.5092	.4449	.3888	.3397	.2968	.2593
14 — 15 Jahre	.8650	.7483	.6473	.5599	.4844	.4190	.3625	.3136	.2713	.2347
10 — 15 Jahre	.8826	.7791	.6879	.6075	.5367	.4741	.4190	.3703	.3274	.2895
15 — 20 Jahre	.8395	.7050	.5921	.4974	.4179	.3513	.2953	.2482	.2088	.1756
20 — 25 Jahre	.7986	.6379	.5096	.4072	.3255	.2602	.2081	.1664	.1331	.1065
25 — 30 Jahre	.7596	.5772	.4386	.3334	.2535	.1928	.1466	.1115	.0849	.0646
30 — 35 Jahre	.7226	.5223	.3775	.2730	.1974	.1428	.1033	.0748	.0541	.0392
35 — 40 Jahre	.6874	.4726	.3250	.2235	.1538	.1058	.0728	.0501	.0345	.0238

B. ABZINSUNGSTAFELN

I. **Barwert eines Kapitals** bei Fälligkeit nach

	11%	12%	13%	14%	15%	16%	17%	18%	19%	20%
1 Jahr	.8958	.8869	.8781	.8694	.8607	.8521	.8437	.8353	.8270	.8187
2 Jahre	.8025	.7866	.7711	.7558	.7408	.7261	.7118	.6977	.6839	.6703
3 Jahre	.7189	.6977	.6771	.6570	.6376	.6188	.6005	.5827	.5655	.5488
4 Jahre	.6440	.6188	.5945	.5712	.5488	.5273	.5066	.4868	.4677	.4493
5 Jahre	.5770	.5488	.5220	.4966	.4724	.4493	.4274	.4065	.3867	.3679
6 Jahre	.5169	.4867	.4584	.4317	.4066	.3828	.3606	.3395	.3198	.3012
7 Jahre	.4630	.4316	.4025	.3753	.3500	.3262	.3042	.2836	.2645	.2466
8 Jahre	.4148	.3828	.3534	.3263	.3012	.2780	.2567	.2369	.2187	.2019
9 Jahre	.3716	.3395	.3103	.2837	.2592	.2369	.2166	.1979	.1809	.1653
10 Jahre	.3329	.3012	.2725	.2466	.2231	.2019	.1827	.1653	.1496	.1353
15 Jahre	.1921	.1653	.1423	.1225	.1054	.0907	.0781	.0672	.0578	.0498
20 Jahre	.1108	.0907	.0743	.0608	.0498	.0408	.0334	.0273	.0224	.0183
25 Jahre	.0639	.0498	.0388	.0302	.0235	.0183	.0143	.0111	.0087	.0067
30 Jahre	.0369	.0273	.0202	.0150	.0111	.0082	.0061	.0045	.0033	.0025
35 Jahre	.0213	.0150	.0106	.0074	.0052	.0037	.0026	.0018	.0013	.0009
40 Jahre	.0123	.0082	.0055	.0037	.0025	.0017	.0011	.0007	.0005	.0003

II. **Barwert einer kontinuierlichen Rente dividiert durch n** mit Laufzeit von

	11%	12%	13%	14%	15%	16%	17%	18%	19%	20%
0 — 1 Jahr	.9470	.9423	.9377	.9332	.9286	.9241	.9196	.9152	.9107	.9063
0 — 2 Jahre	.8977	.8891	.8806	.8722	.8640	.8558	.8478	.8398	.8319	.8242
0 — 3 Jahre	.8517	.8397	.8280	.8166	.8052	.7940	.7833	.7727	.7623	.7519
0 — 4 Jahre	.8089	.7941	.7797	.7657	.7519	.7384	.7256	.7129	.7005	.6883
0 — 5 Jahre	.7691	.7519	.7353	.7192	.7034	.6882	.6736	.6594	.6456	.6320
0 — 6 Jahre	.7320	.7127	.6943	.6766	.6593	.6426	.6269	.6115	.5967	.5823
0 — 7 Jahre	.6973	.6764	.6565	.6375	.6190	.6014	.5847	.5685	.5531	.5381
0 — 8 Jahre	.6649	.6427	.6216	.6016	.5823	.5639	.5466	.5299	.5140	.4987
0 — 9 Jahre	.6347	.6114	.5894	.5686	.5486	.5297	.5121	.4951	.4791	.4637
0 — 10 Jahre	.6064	.5822	.5595	.5382	.5178	.4986	.4808	.4637	.4476	.4323
0 — 15 Jahre	.4896	.4636	.4398	.4179	.3975	.3787	.3616	.3455	.3306	.3167
0 — 20 Jahre	.4041	.3787	.3560	.3355	.3167	.2996	.2843	.2702	.2573	.2453
0 — 25 Jahre	.3403	.3166	.2957	.2771	.2604	.2453	.2319	.2198	.2087	.1986
0 — 30 Jahre	.2918	.2702	.2512	.2345	.2198	.2066	.1949	.1844	.1749	.1663
0 — 35 Jahre	.2542	.2345	.2174	.2026	.1895	.1779	.1676	.1584	.1502	.1427
0 — 40 Jahre	.2244	.2065	.1912	.1779	.1662	.1559	.1469	.1388	.1315	.1249

III. **Barwert einer kontinuierlichen aufgeschobenen Rente dividiert durch n**

von .... bis	11 %	12 %	13 %	14 %	15 %	16 %	17 %	18 %	19 %	20 %
0 — 1 Jahr	.9470	.9423	.9377	.9332	.9286	.9241	.9196	.9152	.9107	.9063
1 — 2 Jahre	.8483	.8358	.8234	.8112	.7993	.7875	.7759	.7644	.7531	.7421
2 — 3 Jahre	.7600	.7413	.7230	.7053	.6879	.6710	.6546	.6385	.6228	.6075
3 — 4 Jahre	.6808	.6574	.6349	.6131	.5921	.5718	.5522	.5333	.5150	.4974
4 — 5 Jahre	.6099	.5831	.5575	.5330	.5096	.4873	.4659	.4455	.4259	.4072
5 — 6 Jahre	.5463	.5172	.4895	.4634	.4386	.4152	.3931	.3721	.3522	.3334
6 — 7 Jahre	.4894	.4588	.4299	.4029	.3775	.3538	.3316	.3108	.2913	.2730
7 — 8 Jahre	.4385	.4069	.3775	.3502	.3250	.3015	.2798	.2596	.2409	.2235
8 — 9 Jahre	.3928	.3609	.3314	.3045	.2797	.2569	.2360	.2168	.1992	.1830
9 — 10 Jahre	.3519	.3201	.2910	.2647	.2407	.2189	.1991	.1811	.1647	.1498
5 — 10 Jahre	.4438	.4127	.3839	.3571	.3323	.3093	.2879	.2681	.2497	.2325
10 — 11 Jahre	.3152	.2839	.2556	.2301	.2072	.1866	.1680	.1513	.1362	.1227
11 — 12 Jahre	.2824	.2518	.2244	.2000	.1783	.1590	.1417	.1264	.1126	.1004
12 — 13 Jahre	.2530	.2233	.1970	.1739	.1535	.1355	.1196	.1055	.0932	.0822
13 — 14 Jahre	.2266	.1981	.1730	.1512	.1321	.1154	.1009	.0882	.0770	.0673
14 — 15 Jahre	.2030	.1757	.1519	.1314	.1137	.0984	.0851	.0736	.0637	.0551
10 — 15 Jahre	.2560	.2265	.2004	.1773	.1570	.1390	.1231	.1090	.0966	.0855
15 — 20 Jahre	.1477	.1243	.1046	.0881	.0742	.0624	.0526	.0443	.0373	.0315
20 — 25 Jahre	.0852	.0682	.0546	.0437	.0350	.0281	.0225	.0180	.0144	.0116
25 — 30 Jahre	.0492	.0374	.0285	.0217	.0165	.0126	.0096	.0073	.0056	.0043
30 — 35 Jahre	.0284	.0205	.0149	.0108	.0078	.0057	.0041	.0030	.0022	.0016
35 — 40 Jahre	.0164	.0113	.0078	.0054	.0037	.0025	.0018	.0012	.0008	.0006

B. ABZINSUNGSTAFELN

I. **Barwert eines Kapitals** bei Fälligkeit nach

	21 %	22 %	23 %	24 %	25 %	26 %	27 %	28 %	29 %	30 %
1 Jahr	.8106	.8025	.7945	.7866	.7788	.7711	.7634	.7558	.7483	.7408
2 Jahre	.6570	.6440	.6313	.6188	.6065	.5945	.5827	.5712	.5599	.5488
3 Jahre	.5326	.5169	.5016	.4868	.4724	.4584	.4449	.4317	.4190	.4066
4 Jahre	.4317	.4148	.3985	.3829	.3679	.3535	.3396	.3263	.3135	.3012
5 Jahre	.3499	.3329	.3166	.3012	.2865	.2725	.2592	.2466	.2346	.2231
6 Jahre	.2836	.2672	.2515	.2369	.2231	.2101	.1979	.1864	.1756	.1653
7 Jahre	.2299	.2144	.1998	.1863	.1738	.1620	.1511	.1409	.1314	.1225
8 Jahre	.1863	.1720	.1587	.1465	.1354	.1249	.1153	.1065	.0983	.0907
9 Jahre	.1510	.1380	.1261	.1152	.1054	.0963	.0880	.0805	.0736	.0672
10 Jahre	.1225	.1108	.1003	.0907	.0821	.0743	.0672	.0608	.0550	.0498
15 Jahre	.0429	.0369	.0317	.0273	.0235	.0202	.0174	.0150	.0129	.0111
20 Jahre	.0150	.0123	.0101	.0082	.0067	.0055	.0045	.0037	.0030	.0025
25 Jahre	.0052	.0041	.0032	.0025	.0019	.0015	.0012	.0009	.0007	.0006
30 Jahre	.0018	.0014	.0010	.0007	.0006	.0004	.0003	.0002	.0002	.0001
35 Jahre	.0006	.0005	.0003	.0002	.0002	.0001	.0001	.0001	—	—
40 Jahre	.0002	.0002	.0001	.0001	—	—	—	—	—	—

II. **Barwert einer kontinuierlichen Rente dividiert durch n** mit Laufzeit von

	21 %	22 %	23 %	24 %	25 %	26 %	27 %	28 %	29 %	30 %
0 — 1 Jahr	.9020	.8976	.8933	.8890	.8848	.8806	.8764	.8722	.8681	.8640
0 — 2 Jahre	.8166	.8090	.8016	.7942	.7870	.7798	.7727	.7657	.7588	.7520
0 — 3 Jahre	.7419	.7319	.7223	.7128	.7035	.6944	.6853	.6765	.6679	.6593
0 — 4 Jahre	.6765	.6649	.6537	.6427	.6321	.6217	.6115	.6015	.5918	.5823
0 — 5 Jahre	.6191	.6063	.5941	.4823	.5708	.5596	.5487	.5381	.5279	.5178
0 — 6 Jahre	.5685	.5551	.5422	.5298	.5179	.5063	.4951	.4843	.4739	.4637
0 — 7 Jahre	.5238	.5100	.4969	.4842	.4721	.4604	.4491	.4383	.4279	.4178
0 — 8 Jahre	.4843	.4703	.4571	.4444	.4323	.4207	.4095	.3989	.3887	.3788
0 — 9 Jahre	.4491	.4352	.4220	.4095	.3976	.3862	.3753	.3649	.3550	.3454
0 — 10 Jahre	.4178	.4041	.3911	.3788	.3671	.3560	.3454	.3354	.3258	.3167
0 — 15 Jahre	.3038	.2917	.2806	.2701	.2603	.2512	.2426	.2345	.2269	.2197
0 — 20 Jahre	.2345	.2244	.2151	.2066	.1986	.1912	.1843	.1779	.1719	.1662
0 — 25 Jahre	.1895	.1880	.1733	.1662	.1596	.1536	.1480	.1427	.1378	.1332
0 — 30 Jahre	.1584	.1513	.1448	.1388	.1333	.1282	.1234	.1190	.1149	.1111
0 — 35 Jahre	.1360	.1298	.1242	.1190	.1143	.1099	.1058	.1020	.0985	.0952
0 — 40 Jahre	.1190	.1135	.1086	.1041	.0999	.0961	.0926	.0893	.0862	.0833

III. **Barwert einer kontinuierlichen aufgeschobenen Rente dividiert durch n**

von .... bis	21 %	22 %	23 %	24 %	25 %	26 %	27 %	28 %	29 %	30 %
0 — 1 Jahr	.9020	.8976	.8933	.8890	.8848	.8806	.8764	.8722	.8681	.8640
1 — 2 Jahre	.7311	.7204	.7098	.6993	.6891	.6790	.6690	.6592	.6495	.6400
2 — 3 Jahre	.5926	.5781	.5639	.5501	.5367	.5235	.5107	.4982	.4860	.4741
3 — 4 Jahre	.4804	.4639	.4481	.4327	.4179	.4037	.3899	.3765	.3637	.3513
4 — 5 Jahre	.3894	.3723	.3560	.3404	.3255	.3112	.2976	.2846	.2721	.2602
5 — 6 Jahre	.3156	.2988	.2829	.2678	.2535	.2400	.2272	.2151	.2036	.1928
6 — 7 Jahre	.2558	.2398	.2247	.2106	.1974	.1850	.1734	.1626	.1524	.1428
7 — 8 Jahre	.2074	.1924	.1786	.1657	.1538	.1427	.1324	.1229	.1140	.1058
8 — 9 Jahre	.1681	.1544	.1419	.1303	.1197	.1100	.1011	.0929	.0853	.0784
9 — 10 Jahre	.1363	.1239	.1127	.1025	.0933	.0848	.0772	.0702	.0638	.0581
5 — 10 Jahre	.2166	.2019	.1882	.1754	.1635	.1525	.1422	.1327	.1238	.1156
10 — 11 Jahre	.1105	.0995	.0896	.0807	.0726	.0654	.0589	.0530	.0478	.0430
11 — 12 Jahre	.0895	.0798	.0711	.0634	.0566	.0504	.0450	.0401	.0357	.0319
12 — 13 Jahre	.0726	.0641	.0565	.0499	.0441	.0389	.0343	.0303	.0267	.0236
13 — 14 Jahre	.0588	.0514	.0449	.0393	.0343	.0300	.0262	.0229	.0200	.0175
14 — 15 Jahre	.0477	.0413	.0357	.0309	.0267	.0231	.0200	.0173	.0150	.0130
10 — 15 Jahre	.0758	.0672	.0596	.0528	.0469	.0416	.0369	.0327	.0290	.0258
15 — 20 Jahre	.0265	.0224	.0189	.0159	.0134	.0113	.0096	.0081	.0068	.0058
20 — 25 Jahre	.0093	.0074	.0060	.0048	.0038	.0031	.0025	.0020	.0016	.0013
25 — 30 Jahre	.0032	.0025	.0019	.0014	.0011	.0008	.0006	.0005	.0004	.0003
30 — 35 Jahre	.0011	.0008	.0006	.0004	.0003	.0002	.0002	.0001	.0001	.0001
35 — 40 Jahre	.0004	.0003	.0002	.0001	.0001	.0001	—	—	—	—

B. ABZINSUNGSTAFELN

I. **Barwert eines Kapitals** bei Fälligkeit nach

	31 %	32 %	33 %	34 %	35 %	36 %	37 %	38 %	39 %	40 %
1 Jahr	.7334	.7261	.7189	.7118	.7047	.6977	.6907	.6839	.6771	.6703
2 Jahre	.5379	.5273	.5169	.5066	.4966	.4868	.4771	.4677	.4584	.4493
3 Jahre	.3946	.3829	.3716	.3606	.3499	.3396	.3296	.3198	.3104	.3012
4 Jahre	.2894	.2780	.2671	.2567	.2466	.2369	.2276	.2187	.2101	.2019
5 Jahre	.2122	.2019	.1921	.1827	.1738	.1653	.1572	.1496	.1423	.1353
6 Jahre	.1556	.1466	.1381	.1300	.1225	.1153	.1086	.1023	.0964	.0907
7 Jahre	.1141	.1064	.0993	.0925	.0863	.0804	.0750	.0700	.0653	.0608
8 Jahre	.0837	.0773	.0714	.0658	.0608	.0561	.0518	.0479	.0442	.0408
9 Jahre	.0614	.0561	.0513	.0468	.0428	.0391	.0358	.0328	.0299	.0273
10 Jahre	.0450	.0408	.0369	.0334	.0302	.0273	.0247	.0224	.0202	.0183
15 Jahre	.0096	.0082	.0071	.0061	.0052	.0045	.0039	.0033	.0029	.0025
20 Jahre	.0020	.0017	.0014	.0011	.0009	.0007	.0006	.0005	.0004	.0003
25 Jahre	.0004	.0003	.0003	.0002	.0002	.0001	.0001	.0001	.0001	—
30 Jahre	.0001	.0001	.0001	—	—	—	—	—	—	—
35 Jahre	—	—	—	—	—	—	—	—	—	—
40 Jahre	—	—	—	—	—	—	—	—	—	—

II. **Barwert einer kontinuierlichen Rente dividiert durch n** mit Laufzeit von

	31 %	32 %	33 %	34 %	35 %	36 %	37 %	38 %	39 %	40 %
0 — 1 Jahr	.8600	.8559	.8518	.8476	.8437	.8397	.8359	.8318	.8279	.8243
0 — 2 Jahre	.7453	.7386	.7320	.7256	.7189	.7128	.7066	.7004	.6944	.6884
0 — 3 Jahre	.6510	.6428	.6347	.6269	.6191	.6115	.6040	.5967	.5894	.5823
0 — 4 Jahre	.5731	.5641	.5552	.5465	.5381	.5299	.5219	.5140	.5063	.4988
0 — 5 Jahre	.5083	.4988	.4896	.4808	.4721	.4637	.4556	.4476	.4398	.4324
0 — 6 Jahre	.4540	.4445	.4353	.4265	.4179	.4096	.4015	.3937	.3862	.3789
0 — 7 Jahre	.4082	.3989	.3899	.3813	.3729	.3649	.3571	.3496	.3424	.3354
0 — 8 Jahre	.3695	.3604	.3517	.3435	.3354	.3277	.3203	.3132	.3063	.2998
0 — 9 Jahre	.3364	.3277	.3194	.3115	.3039	.2966	.2895	.2828	.2764	.2702
0 — 10 Jahre	.3081	.2998	.2918	.2843	.2771	.2702	.2636	.2573	.2512	.2454
0 — 15 Jahre	.2130	.2066	.2006	.1949	.1895	.1844	.1795	.1749	.1704	.1663
0 — 20 Jahre	.1610	.1560	.1513	.1469	.1427	.1388	.1351	.1315	.1282	.1250
0 — 25 Jahre	.1290	.1250	.1212	.1176	.1143	.1111	.1081	.1053	.1026	.1000
0 — 30 Jahre	.1075	.1042	.1010	.0980	.0952	.0926	.0901	.0877	.0855	.0833
0 — 35 Jahre	.0922	.0893	.0866	.0840	.0816	.0794	.0772	.0752	.0733	.0714
0 — 40 Jahre	.0806	.0781	.0758	.0735	.0714	.0694	.0676	.0658	.0641	.0625

III. **Barwert einer kontinuierlichen aufgeschobenen Rente dividiert durch n**

von .... bis	31 %	32 %	33 %	34 %	35 %	36 %	37 %	38 %	39 %	40 %
0 — 1 Jahr	.8598	.8558	.8517	.8477	.8438	.8398	.8359	.8319	.8281	.8242
1 — 2 Jahre	.6307	.6214	.6123	.6034	.5946	.5859	.5774	.5689	.5606	.5525
2 — 3 Jahre	.4626	.4512	.4402	.4295	.4190	.4088	.3988	.3891	.3796	.3703
3 — 4 Jahre	.3393	.3277	.3165	.3057	.2953	.2852	.2755	.2661	.2570	.2482
4 — 5 Jahre	.2488	.2379	.2275	.2176	.2081	.1990	.1903	.1820	.1740	.1664
5 — 6 Jahre	.1825	.1728	.1636	.1549	.1466	.1388	.1314	.1244	.1178	.1115
6 — 7 Jahre	.1339	.1255	.1176	.1102	.1033	.0968	.0908	.0851	.0798	.0748
7 — 8 Jahre	.0982	.0911	.0845	.0785	.0728	.0676	.0627	.0582	.0540	.0501
8 — 9 Jahre	.0720	.0662	.0608	.0558	.0513	.0471	.0433	.0398	.0366	.0336
9 — 10 Jahre	.0528	.0480	.0437	.0397	.0362	.0329	.0299	.0272	.0248	.0225
5 — 10 Jahre	.1079	.1007	.0940	.0878	.0820	.0767	.0716	.0670	.0626	.0585
10 — 11 Jahre	.0387	.0349	.0314	.0283	.0255	.0229	.0207	.0186	.0168	.0151
11 — 12 Jahre	.0284	.0253	.0226	.0201	.0180	.0160	.0143	.0127	.0113	.0101
12 — 13 Jahre	.0208	.0184	.0162	.0143	.0127	.0112	.0099	.0087	.0077	.0068
13 — 14 Jahre	.0159	.0134	.0117	.0102	.0089	.0078	.0068	.0060	.0052	.0045
14 — 15 Jahre	.0112	.0097	.0084	.0073	.0063	.0054	.0047	.0041	.0035	.0030
10 — 15 Jahre	.0229	.0203	.0181	.0160	.0143	.0127	.0113	.0100	.0089	.0079
15 — 20 Jahre	.0049	.0041	.0035	.0029	.0025	.0021	.0018	.0015	.0013	.0011
20 — 25 Jahre	.0010	.0008	.0007	.0005	.0004	.0003	.0003	.0002	.0002	.0001
25 — 30 Jahre	.0002	.0002	.0001	.0001	.0001	.0001	—	—	—	—
30 — 35 Jahre	—	—	—	—	—	—	—	—	—	—
35 — 40 Jahre	—	—	—	—	—	—	—	—	—	—

B. ABZINSUNGSTAFELN

I. **Barwert eines Kapitals** bei Fälligkeit nach

	41 %	42 %	43 %	44 %	45 %	46 %	47 %	48 %	49 %	50 %
1 Jahr	.6637	.6570	.6505	.6440	.6376	.6313	.6250	.6188	.6126	.6065
2 Jahre	.4404	.4317	.4232	.4148	.4066	.3985	.3906	.3829	.3753	.3679
3 Jahre	.2923	.2837	.2753	.2671	.2592	.2516	.2441	.2369	.2299	.2231
4 Jahre	.1940	.1864	.1791	.1720	.1653	.1588	.1526	.1466	.1409	.1353
5 Jahre	.1287	.1225	.1165	.1108	.1054	.1003	.0954	.0907	.0863	.0821
6 Jahre	.0854	.0805	.0758	.0714	.0672	.0633	.0596	.0561	.0529	.0498
7 Jahre	.0567	.0529	.0493	.0460	.0428	.0400	.0373	.0347	.0324	.0302
8 Jahre	.0376	.0348	.0321	.0296	.0273	.0253	.0233	.0215	.0198	.0183
9 Jahre	.0250	.0229	.0209	.0191	.0174	.0160	.0146	.0133	.0121	.0111
10 Jahre	.0166	.0150	.0136	.0123	.0111	.0101	.0091	.0082	.0074	.0067
15 Jahre	.0021	.0018	.0016	.0014	.0012	.0010	.0009	.0007	.0006	.0006
20 Jahre	.0003	.0002	.0002	.0002	.0001	.0001	.0001	.0001	.0001	—
25 Jahre	—	—	—	—	—	—	—	—	—	—
30 Jahre	—	—	—	—	—	—	—	—	—	—
35 Jahre	—	—	—	—	—	—	—	—	—	—
40 Jahre	—	—	—	—	—	—	—	—	—	—

II. **Barwert einer kontinuierlichen Rente dividiert durch n** mit Laufzeit von

	41 %	42 %	43 %	44 %	45 %	46 %	47 %	48 %	49 %	50 %
0 — 1 Jahr	.8202	.8167	.8128	.8091	.8053	.8015	.7979	.7942	.7906	.7870
0 — 2 Jahre	.6824	.6765	.6707	.6650	.6593	.6538	.6483	.6428	.6374	.6321
0 — 3 Jahre	.5754	.5685	.5618	.5552	.5487	.5423	.5361	.5299	.5239	.5179
0 — 4 Jahre	.4915	.4843	.4773	.4705	.4637	.4572	.4507	.4445	.4383	.4324
0 — 5 Jahre	.4250	.4179	.4109	.4042	.3976	.3912	.3849	.3789	.3729	.3672
0 — 6 Jahre	.3718	.3649	.3582	.3517	.3455	.3394	.3335	.3277	.3221	.3167
0 — 7 Jahre	.3287	.3221	.3158	.3097	.3039	.2981	.2926	.2873	.2821	.2771
0 — 8 Jahre	.2934	.2873	.2814	.2757	.2702	.2649	.2598	.2548	.2501	.2451
0 — 9 Jahre	.2642	.2585	.2530	.2472	.2422	.2377	.2330	.2284	.2240	.2198
0 — 10 Jahre	.2399	.2345	.2294	.2217	.2198	.2152	.2108	.2066	.2026	.1987
0 — 15 Jahre	.1623	.1585	.1548	.1513	.1480	.1448	.1417	.1388	.1360	.1333
0 — 20 Jahre	.1219	.1190	.1163	.1136	.1111	.1087	.1064	.1042	.1020	.1000
0 — 25 Jahre	.0976	.0952	.0930	.0909	.0889	.0870	.0851	.0833	.0816	.0800
0 — 30 Jahre	.0813	.0794	.0775	.0758	.0741	.0725	.0709	.0694	.0680	.0667
0 — 35 Jahre	.0697	.0680	.0664	.0649	.0635	.0621	.0608	.0595	.0583	.0571
0 — 40 Jahre	.0610	.0595	.0581	.0568	.0556	.0543	.0532	.0521	.0510	.0500

III. **Barwert einer kontinuierlichen aufgeschobenen Rente dividiert durch n**

von .... bis	41 %	42 %	43 %	44 %	45 %	46 %	47 %	48 %	49 %	50 %
0 — 1 Jahr	.8204	.8166	.8128	.8090	.8053	.8016	.7979	.7942	.7906	.7869
1 — 2 Jahre	.5444	.5365	.5287	.5210	.5135	.5060	.4987	.4914	.4843	.4773
2 — 3 Jahre	.3613	.3525	.3439	.3357	.3274	.3194	.3117	.3041	.2967	.2895
3 — 4 Jahre	.2398	.2316	.2237	.2162	.2088	.2017	.1948	.1882	.1818	.1756
4 — 5 Jahre	.1591	.1522	.1455	.1392	.1331	.1273	.1217	.1164	.1114	.1065
5 — 6 Jahre	.1056	.1000	.0947	.0897	.0849	.0804	.0762	.0720	.0682	.0646
6 — 7 Jahre	.0701	.0657	.0616	.0577	.0541	.0507	.0476	.0446	.0418	.0392
7 — 8 Jahre	.0465	.0432	.0401	.0372	.0345	.0320	.0298	.0276	.0256	.0238
8 — 9 Jahre	.0309	.0284	.0260	.0240	.0220	.0202	.0186	.0171	.0157	.0144
9 — 10 Jahre	.0205	.0186	.0170	.0154	.0140	.0128	.0116	.0106	.0096	.0087
5 — 10 Jahre	.0547	.0512	.0479	.0448	.0419	.0392	.0367	.0344	.0322	.0301
10 — 11 Jahre	.0136	.0122	.0110	.0099	.0089	.0081	.0073	.0065	.0059	.0053
11 — 12 Jahre	.0090	.0080	.0072	.0064	.0057	.0051	.0045	.0040	.0036	.0032
12 — 13 Jahre	.0060	.0053	.0047	.0041	.0036	.0032	.0028	.0025	.0022	.0020
13 — 14 Jahre	.0040	.0035	.0030	.0027	.0023	.0020	.0018	.0015	.0014	.0012
14 — 15 Jahre	.0026	.0023	.0020	.0017	.0015	.0013	.0011	.0010	.0008	.0007
10 — 15 Jahre	.0070	.0063	.0056	.0050	.0044	.0039	.0035	.0031	.0028	.0025
15 — 20 Jahre	.0009	.0008	.0007	.0006	.0005	.0004	.0003	.0003	.0002	.0002
20 — 25 Jahre	.0001	.0001	.0001	.0001	—	—	—	—	—	—
25 — 30 Jahre	—	—	—	—	—	—	—	—	—	—
30 — 35 Jahre	—	—	—	—	—	—	—	—	—	—
35 — 40 Jahre	—	—	—	—	—	—	—	—	—	—

HINWEISE ZU DEN ZINSTAFELN

(1) Formeln für die Aufzinsungstafeln

Endwert eines Kapitals

$$K_{\overline{n}|} = K\, e^{i \cdot n}$$

Endwert einer kontinuierlichen Rente

$$R_{\overline{n}|} = \frac{r\, e^{i \cdot n} - 1}{i}$$

Endwert einer aufgeschobenen kontinuierlichen Rente

$$R_{\overline{n}|} = \frac{r\, e^{i \cdot n} - 1}{i} \cdot e^{i \cdot N}$$

K = Kapital

n = Laufzeit d. Kapitals
= Laufzeit der Rente

e = 2,7183

$$i = \frac{p}{100}$$

p = Zinssatz

N = Zeitspanne des Rentenaufschubs

(2) Formeln für die Abzinsungstafeln

Barwert eines Kapitals

$$K_{\overline{o}|} = K \cdot \frac{1}{e^{i \cdot n}}$$

Barwert einer kontinuierlichen Rente

$$R_{\overline{o}|} = \frac{r}{i} \cdot \left(1 - \frac{1}{e^{i \cdot n}}\right)$$

Barwert einer kontinuierlichen aufgeschobenen Rente

$$R_{\overline{o}|} = \frac{r}{i} \cdot \left(1 - \frac{1}{e^{i \cdot n}}\right) \cdot \frac{1}{e^{i \cdot N}}$$

K = Kapital

n = Laufzeit d. Kapitals
= Laufzeit der Rente

e = 2,7183

$$i = \frac{p}{100}$$

p = Zinssatz

N = Zeitspanne des Rentenaufschubs

(3) Ermittlung von Endwertfaktoren für nicht ganzzahlige Zinssätze

a) durch Interpolation

n = 3 Jahre;	p = 3,5 %;	Faktor = ?
n = 3 Jahre;	p = 3 %;	Faktor = 1,0942
n = 3 Jahre;	p = 4 %;	Faktor = 1,1275
n = 3 Jahre;	p = 3,5 %;	Faktor = 1,1107

b) durch Variation von Zinssatz und Laufzeit

Folgende Kombinationen von Zinssatz und Laufzeit entsprechen einander und haben die gleichen Faktoren:

n = 1,5 Jahre;	p = 7 %;	Faktor = 1,1107
n = 9 Monate;	p = 14 %;	Faktor = 1,1107
n = 6 Monate;	p = 21 %;	Faktor = 1,1107
n = 3 Jahre;	p = 3,5 %;	Faktor = 1,1107

(4) Ermittlung von Endwertfaktoren für in der Tabelle nicht enthaltene n-Werte

a) Endwertfaktoren für Kapital

n = 9 Jahre; p = 5%; Faktor = ?

Variation von Zinsfuß und Laufzeit:

n = 1,5 Jahre;	p = 30%;	Faktor = 1,5683
n = 3 Jahre;	p = 15%;	Faktor = 1,5683
n = 9 Jahre;	p = 5%;	Faktor = 1,5683

Ermittlung des reziproken Wertes des entsprechenden Barwertfaktors:
Der Barwertfaktor für n = 9 Jahre und p = 5% beträgt 0,6376.

$$\frac{1}{0{,}6376} = 1{,}5683$$

b) Endwertfaktoren für kontinuierliche Rente

n = 6 Jahre; p = 6%; Faktor = ?

Variation von Zinsfuß und Laufzeit:

n = 1 Jahr;	p = 36%;	Faktor = 1,2037
n = 3 Jahre;	p = 12%;	Faktor = 1,2037
n = 6 Jahre;	p = 6%;	Faktor = 1,2037

c) Endwertfaktoren für aufgeschobene kontinuierliche Rente

n = 1; N = 2; p = 10%; Faktor = ?
n = Laufzeit der aufgeschobenen Rente
N = Zeitdauer der Aufschiebung
Faktor für Endwert einer einjährigen Rente zu 10% = 1,0517
Aufzinsungsfaktor für 2 Jahre zu 10% = 1,2214
1,0517 × 1,2214 = 1,2845

(5) Ermittlung von Barwertfaktoren für in der Tabelle nicht enthaltene n-Werte

a) Barwertfaktoren für Kapital

n = 16 Jahre;	p = 12%;	Faktor = ?
n = 15 Jahre;	p = 12%;	Faktor = 0,1653
n = 1 Jahr;	p = 12%;	Faktor = 0,8869

0,1653 × 0,8869 = 0,1466

b) Barwertfaktoren für kontinuierliche Rente

n = 16 Jahre;	p = 12%;	Faktor = ?
n = 15 Jahre;	p = 12%;	Faktor = 0,4636
n = 1 Jahr; N = 15 Jahre;	p = 12%;	Faktor = 0,1558

0,4636 × 15 = 6,9540
0,1558 × 1 = 0,1558

7,1098

7,1098 : 16 = 0,4444

c) Barwertfaktoren für aufgeschobene kontinuierliche Rente

n = 1 Jahr; N = 19 Jahre; p = 12%; Faktor = ?
Faktor für Barwert einer einjährigen Rente zu 12% = 0,1757
Abzinsungsfaktor für 5 Jahre zu 12% = 0,5488
0,1757 × 0,5488 = 0,0964

Baldwin, Robert H.:	How to Asses Investment Proposals HBR[1] Mai-Juni 1959
Bennion, Edward G.:	Capital Budgeting and Game Theory HBR Nov.-Dez. 1956
Biermann & Smidt:	The Capital Budgeting Decision New York 1960
Dean, Joel:	Measuring the Productivity of Capital HBR Jan.-Febr. 1954
Dean, Joel:	Capital Budgeting New York 1956
Hertz, David B.:	Risk Analysis in Capital Investment HBR Jan.-Febr. 1964
Hunt, Williams:	Donaldson Basic Business Finance Homewood, III. 1958
Hunt, Williams:	Case Problems in Finance Homewood, III. 1954
Jonas, Heinrich H.:	Leitende Gesichtspunkte für den Kapitaleinsatz im Industriebetrieb Festschrift für Konrad Mellerowicz Berlin 1961
McLean, John G.:	How to Evaluate New Capital Investments HBR Nov.-Dez. 1958
Matthews, John B.:	How to Administer Capital Spending HBR März-Apr. 1959
Ravenscroft, Edward A.:	Return on Investment Fit the Method to Your Need HBR März-Apr. 1960
Reul, Ray I.:	Profitability Index for Investment HBR Juli-Aug. 1957
Scheuble, Philipp A.:	How to Figure Equipment Replacement HBR Sept.-Okt. 1955
Schneider, E.:	Wirtschaftlichkeitsrechnung Bern, Tübingen 1951
Smith, Vernon L.:	Investment and Production Cambridge 1961
Terborgh, G.:	Business Investment Policy The Lord Baltimore Press, Inc. 1958
Walker, Ross G.:	The Judgment Factor in Investment Decisions HBR März-Apr. 1961
Walter, James E.:	The Investment Process Boston 1962

[1] Harvard Business Review

Sachregister

Weitere empfehlenswerte Fachliteratur:

KONRAD MELLEROWICZ

Kosten und Kostenrechnung

4., durchgesehene Auflage. Groß-Oktav. 2 Bände. Ganzleinen
I: Theorie der Kosten. 533 Seiten. 1963. DM 30,—
II: Verfahren. Im Druck.

Aktuelle Betriebswirtschaft

Festschrift zum 60. Geburtstag von Konrad Mellerowicz, gewidmet von Freunden, Kollegen und Schülern.
Groß-Oktav. Mit 1 Bildnis. VI, 254 Seiten. Ganzleinen DM 15,—

Betriebswirtschaftslehre und Wirtschaftspraxis

Festschrift für Konrad Mellerowicz. Herausgegeben von Horst Schwarz und Karl-Heinz Berger.
Groß-Oktav. Mit 1 Bildnis. 339 Seiten. 1961. Ganzleinen DM 30,—

KURT JUNCKERSTORFF

Internationaler Grundriß der wissenschaftlichen Unternehmensführung

Groß-Oktav. 283 Seiten. 1964. Ganzleinen DM 34,—

HERMAN C. HEISER

Budgetierung

Grundsätze und Praxis der betriebswirtschaftlichen Planung
Groß-Oktav. 425 Seiten. 1964. Ganzleinen DM 68,—

VIKTOR Z. BRINK — JAMES A. CASHIN

Interne Revision

Groß-Oktav. 514 Seiten. 1962. Ganzleinen DM 48,—

ERICH KOSIOL

Buchhaltung und Bilanz

168 Seiten mit 29 Tafeln. 1964. DM 5,80 (Sammlung Göschen Band 1213/1213 a)

WALTER DE GRUYTER & CO · BERLIN

GÜNTER MERLE

Der freiwillige soziale Aufwand in der Industrie

und seine betriebswirtschaftliche Behandlung

Groß-Oktav. Mit 26 Tabellen. 162 Seiten. 1963. Ganzleinen DM 28,–

KEMENY — SCHLEIFER — SNELL —THOMPSON

Mathematik für die Wirtschaftspraxis

Groß-Oktav. Etwa 550 Seiten. 1964. Ganzleinen etwa DM 35,—

HANS-JÜRGEN ZIMMERMANN

Mathematische Entscheidungsforschung

und ihre Anwendung auf die Produktionspolitik

Groß-Oktav. 147 Seiten. Mit 5 Tabellen und 14 Abbildungen. 1963. Ganzleinen DM 28,—

MARCEL NICOLAS

Finanzmathematik

192 Seiten. 11 Tafeln, 8 Tabellen und 72 Beispiele. 1959. DM 5,80 (Sammlung Göschen Band 1183/1183a)

HEINZ LANGEN

Lineare Programmierung

Etwa 200 Seiten. 1964. DM 5,80 (Sammlung Göschen Band 1206/1206a)

EWALD BURGER

Einführung in die Theorie der Spiele

Mit Anwendungsbeispielen, insbesondere aus Wirtschaftslehre und Soziologie

Groß-Oktav. 169 Seiten. 1959. Ganzleinen DM 28,—

S. VAJDA

Theorie der Spiele und Linearprogrammierung

Oktav. 129 Seiten. Mit zahlreichen Abbildungen. 1962. Ganzleinen DM 16,—

WALTER DE GRUYTER & CO · BERLIN

ANDREAS PAULSEN

Allgemeine Volkswirtschaftslehre

4 Bände. 3.—5. Auflage. 1963/1964. Je Band DM 3,60
(Sammlung Göschen Band 1169, 1170, 1171, 1172)

Wirtschaftswachstum

Beiträge zur ökonomischen Theorie und Politik

Herausgegeben von Rudolf Schilcher (Festschrift Andreas Paulsen)
Groß-Oktav. 204 Seiten. 1964. Ganzleinen DM 28,—

SIEGFRIED WENDT

Geschichte der Volkswirtschaftslehre

182 Seiten. 1961. DM 3,60 (Sammlung Göschen Band 1194)

HANS OHM

Allgemeine Volkswirtschaftspolitik

2 Bände. I. 1962. II. In Vorbereitung. Je Band DM 3,60
(Sammlung Göschen Band 1195, 1196)

HEINZ KOLMS

Finanzwissenschaft

4 Bände. 1./2. Auflage. 1962/1964. Je Band DM 3,60
(Sammlung Göschen Band 148, 391, 776, 782)

KONRAD MELLEROWICZ

Allgemeine Betriebswirtschaftslehre

4 Bände. 11., durchgesehene Auflage. 1961/1963. Je Band DM 5,80
(Sammlung Göschen Band 1008/1008a, 1153/1153a, 1154/1154a, 1186/1186a)

WALTER DE GRUYTER & CO · BERLIN

KURT LUBASCH

Die volkswirtschaftlichen Wirkungen von Geldwertsicherungsklauseln

Groß-Oktav. Etwa 90 Seiten mit Abbildungen. 1964. DM 16,—

ANDREAS DIEMER

Das Wesen der automatisierten elektronischen Datenverarbeitung

und ihre Bedeutung für die Unternehmensleitung

Groß-Oktav. Mit 47 Abbildungen. 240 Seiten. 1962. Ganzleinen DM 28,—

FRITZ RUDOLF GÜNTSCH

Einführung in die Programmierung digitaler Rechenautomaten

Groß-Oktav. 2., erweiterte und neubearbeitete Auflage. Mit 3 Tafeln und vielen Textabbildungen. 388 Seiten. 1963. Ganzleinen DM 54,—

JOHANN PFANZAGL

Allgemeine Methodenlehre der Statistik

2 Bände. 1/2. Auflage. 1962/1964. Je Band DM 5,80
(Sammlung Göschen Band 746/746a, 747/747a)

PETER QUANTE

Lehrbuch der praktischen Statistik

Bevölkerungs-, Wirtschafts-, Sozialstatistik

Groß-Oktav. 443 Seiten. 1961. Ganzleinen DM 30,—

STEN HENRYSSON — OTTO W. HASELOFF
HANS JÜRGEN HOFFMANN

Kleines Lehrbuch der Statistik

für Naturwissenschaftler, Mediziner, Sozialwissenschaftler und Pädagogen

2. Auflage. Oktav. Mit 32 Abbildungen. Etwa VIII, 173 Seiten. 1964.
In Vorbereitung.

WALTER DE GRUYTER & CO · BERLIN

FRIEDRICH FÜRSTENBERG

Wirtschaftssoziologie

122 Seiten. 1961. DM 3,60 (Sammlung Göschen Band 1193)

RALF DAHRENDORF

Industrie- und Betriebssoziologie

2., umgearbeitete und erweiterte Auflage. 142 Seiten. 3 Figuren. 1962. DM 3,60 (Sammlung Göschen Band 103)

WERNER HOFMANN

Ideengeschichte der sozialen Bewegung des 19. und 20. Jahrhunderts

243 Seiten. 1962. DM 5,80 (Sammlung Göschen Band 1205/1205a)

WALTER MOEDE

Psychologie des Berufs- und Wirtschaftslebens

190 Seiten. 48 Abbildungen. 1958. DM 5,80 (Sammlung Göschen Band 851/851a)

IVAR SUNDBOM

Über das Gleichheitsprinzip als politisches und ökonomisches Problem

Oktav. 103 Seiten. 1962. Ganzleinen DM 14,—

WERNER SOMMER — HANNS-MARTIN SCHÖNFELD

Management-Dictionary

Fachwörterbuch für Betriebswirtschaft, Wirtschafts- und Steuerrecht und Lochkartenwesen

2., durchgesehene und erweiterte Auflage. 2 Bände im Oktavformat. 1962/1963.
Flexibler Plastikeinband je DM 14,—
ENGLISH—DEUTSCH / DEUTSCH—ENGLISH

H. BACK — H. CIRULLIES — G. MARQUARD

POLEC

Dictionary of politics and economics / Dictionnaire de politique et d'economie / Wörterbuch für Politik und Wirtschaft

Oktav. XVI, 960 Seiten. Mit 40 grafischen Übersichten. 1964.
Plastikeinband DM 38,—

WALTER DE GRUYTER & CO · BERLIN

GROSSKOMMENTARE DER PRAXIS

Aktiengesetz, Großkommentar

Begr. von W. *Gadow*, Dr. *E. Heinichen*, Dr. *E. Schmidt*, Dr. *W. Schmidt*, Dr. O. *Weipert*

2., neubearbeitete Auflage, bearbeitet von Rechtsanwalt Dr. *Carl Heinz Barz*, Bundesrichter Dr. *Robert Fischer*, Professor Dr. *Ulrich Klug*, Professor Dr. *Konrad Mellerowicz*, Rechtsanwalt, Dr. *Joachim Meyer-Landrut*, Rechtsanwalt Dr. *Wolfgang Schilling*, Rechtsanwalt Dr. *Walter Schmidt †*
2 Bände. Lexikon-Oktav. 1961/1964. Halbleder DM 275,—

Kommentar zum Handelsgesetzbuch

Früher herausgegeben von Mitgliedern des Reichsgerichts

Zweite Auflage
bearbeitet von Oberlandesgerichtsrat *Dieter Brüggemann*, Rechtsanwalt *Reinhard Freiherr von Godin*, Oberstlandesgerichtsrat Dr. *Paul Ratz*, Reichsgerichtsrat a. D. Dr. *Otto Weipert*, Professor Dr. *Hans Würdinger*
5 Bände. 1950/1963. Lexikon-Oktav. Kunsthalbleder DM 394,—

Kommentar zum Gesetz betreffend die Gesellschaften mit beschränkter Haftung

Von Dr. *Max Hachenburg* (früher Staub-Hachenburg)

6. Auflage, neubearbeitet von Rechtsanwalt Dr. *Walter Schmidt*, Rechtsanwalt Dr. *Wolfgang Schilling*, Professor Dr. *Ulrich Klug*, Rechtsanwalt Dr. *Reinhard Goerdeler*
2 Bände. Lexikon-Oktav. 1956/1959. Halbleder DM 166,—

Vergleichsordnung

Kommentar von Professor Dr. *Erich Bley*

2., neubearbeitete Auflage, ergänzt und druckfertig gestaltet von Rechtsanwalt Dr. *Ernst Ludwig Roth*, Syndikus *Karl Künne* und Referendar *Joachim Bley*
Lexikon-Oktav. XVI, 1158 Seiten. 1955. Halbleder DM 124,—

Konkursordnung mit Einführungsgesetzen

Kommentar begründet von Professor Dr. *Ernst Jaeger †*

8. Auflage, bearbeitet von Professor Dr. *Friedrich Lent*, Professor Dr. *Friedrich Weber*, Professor Dr. *Ulrich Klug*
2 Bände. Lexikon-Oktav. 1958/1964. Halbleder
Es liegen vor: Band I. §§ 1—70 KO. 1958. DM 128,—; Band II, Lfg. 1—4. §§ 71—206 KO. 1958/1963. Subskriptionspreis DM 89,90

WALTER DE GRUYTER & CO · BERLIN

Aktienstrafrecht

Kommentar zu den §§ 288—304 des Aktiengesetzes
Von Professor Dr. *Ulrich Klug*

Groß-Oktav. XII, 179 Seiten. 1964. DM 24,—
(Sonderdruck aus Aktiengesetz Großkommentar, 2. Auflage, Band 2)

Gedanken zur Reform des Aktienrechts und des GmbH-Rechts

Von Professor Dr. Dr. h. c. *Alfred Hueck*

Oktav. IV, 24 Seiten. 1963. DM 5,—
(Schriftenreihe der Juristischen Gesellschaft Berlin, Heft 11)

Das Recht der Offenen Handelsgesellschaft

systematisch dargestellt
von Prof. Dr. Dr. h. c. *Alfred Hueck*

3., neubearbeitete Auflage. Groß-Oktav. VII, 397 Seiten. 1964.
Ganzleinen DM 48,—

Die Gründung der Aktiengesellschaft

Zugleich Versuch eines Beitrages zur Lehre von der juristischen Person
Von Rechtsanwalt Dr. *Leonidas N. Georgakopoulos*

Oktav. XIV, 193 Seiten. 1960. DM 20,—
(Hamburger Rechtsstudien Heft 48, Cram, de Gruyter & Co., Hamburg)

Kammerrecht der Wirtschaft

Kommentar zum Bundeskammergesetz; Landesrecht der Industrie- und Handelskammern einschließlich Wirtschafts- und Arbeitnehmerkammern und Recht der Auslands-Handelskammern

Von Regierungsdirektor *Heinz Bremer,* Abteilungsleiter beim Senator für Wirtschaft und Kredit, Berlin

Oktav. XII, 368 Seiten. 1960. Ganzleinen DM 42,—
(Sammlung Guttentag Band 253)

Zahlung und Zahlungssicherung im Außenhandel

3., überarbeitete und vermehrte Auflage von
Dr. jur. *Johannes C. D. Zahn,* S. J. D. (Harvard), Mitinhaber des Bankhauses C. G. Trinkaus, Rechtsanwalt am Oberlandesgericht Düsseldorf, 1952—1954 Executive Director der International Bank for Reconstruction and Development

Oktav. XX, 229 Seiten. 1964. Plastik flexibel DM 30,—

WALTER DE GRUYTER & CO · BERLIN

Korrekturnachtrag

Seite 67, vorletzte Zeile: Die Kosten /E in Höhe von 15,214 müssen eine Zeile tiefer stehen.

Seite 149, zu (1): Die Rentenformeln lauten:

$$R_{\overline{n}|} = r \cdot \frac{e^{i \cdot n} - 1}{i}$$

$$R_{\overline{n}|} = r \cdot \frac{e^{i \cdot n} - 1}{i} \cdot e^{i \cdot N}$$

FSC
www.fsc.org
MIX
Papier | Fördert
gute Waldnutzung
FSC® C083411

Kolibri 360 GmbH
Ferdinand-Jühlke-Straße 7
99095 Erfurt, Deutschland
produktsicherheit@kolibri360.de